U0617881

骑 CHEERS

HERE COMES EVERYBODY

与最聪明的人共同进化

CHEERS
湛庐

让孩子
不再胡闹

[美] 吉娜·阿滕西奥-麦克莱恩 著
Gina Atencio-MacLean
蔺秀云 徐珊珊 崔秀敏 译

Overcoming
Oppositional
Defiant Disorder

湖南教育出版社
·长沙·

如何养育脾气暴躁的孩子？

- 对立违抗性障碍（简称 ODD）指童年早期发育过程中反复出现的抗拒、公然反抗、不服从、敌视师长等行为障碍。有此问题的孩子常常会突然发脾气，这时家长应该立即回应吗？

  A. 是

  B. 否

- 以下哪项可以有效减少有对立违抗性障碍孩子的负面情绪？（单选题）

  A. 无条件迁就

  B. 制定特殊规则

  C. 不遵守规则就惩罚

  D. 练习正念，与孩子建立联结

- 养育对立违抗性障碍的孩子的首要条件是：（单选题）

  A. 帮助孩子管控情绪

  B. 帮助孩子减少无意的行为

  C. 帮助孩子学习生活技能

  D. 家长照顾好自己的情绪和身体

扫描左侧二维码查看本书更多测试题

致我"无可救药"的父亲约翰尼·阿腾西奥（Johnny Atencio）、
一直爱着我父亲的母亲贝蒂，
以及我最爱的两个宝贝——桑迪和利亚姆。

照顾好自己，才能养好孩子

作为一名专门治疗儿童和青少年问题行为的临床心理学家，我深知父母养育有对立违抗性障碍[①]的孩子有多不容易。如果你的孩子已经被正式诊断患有对立违抗性障碍，那么孩子本人及你的家庭一定会感到困扰。面对孩子的暴躁行为，父母很难保持冷静。许多向我寻求帮助的父母表示：孩子的对立违抗性行为已经存在了一段时间，并且程度还在加剧，完全看不到好转的迹象。

对患有对立违抗性障碍孩子的父母来说，仔细阅读本书是正确的

[①] 对立违抗性障碍（Oppositional Defiant Disorder，ODD）指童年早期发育过程中反复出现的抗拒、公然反抗、不服从、敌视师长等行为障碍。以违抗、敌意、对立、挑衅、粗野、破坏等行为为特征。——译者注

选择，这说明父母勇于尝试新的方法来帮助孩子管理他的对立违抗性行为。与其他讲解对立违抗性障碍的育儿书略有不同，本书的第一部分讲解了父母在养育易怒孩子的过程中，管理自身的情感诉求的方法和策略，也就是告诉父母如何照顾自己。毋庸置疑，这一点是很重要的。因为父母在帮助有对立违抗性障碍的孩子时，要付出无限的耐心、精力，且要坚持下去，如果不好好地照顾自己的情绪和身体，是无法做到的。

本书的第二部分重点介绍如何帮助孩子学习一些生活技能，从而让孩子更好地生活。这是一套系统的方法，目的是帮助孩子减少那些无益的行为，以达到自己的期望。使用这套方法的前提是认同孩子并非生来就是坏孩子，他们只是在一些非常重要的领域存在技能方面的缺陷。我确信大多数有对立违抗性障碍的孩子可以通过学习更好地处理出现的不良行为。

本书不是速成手册，因为在应对对立违抗性障碍方面没有捷径可走。我希望父母不要急于读完本书，而是花时间真正接收信息并尝试书中建议的方法。在此过程中，请完成书中所有的练习，尽量不要跳过任何一个。完成的速度并不重要，重要的是将方法和实践融入日常生活。虽然我不能给出阅读本书的确切时间计划，但如果父母按照所写的整个程序来学习，应该需要几个月的时间。这并不是说需要这么长的时间才能看到效果，而是至少需要几个月的时间才能完成所有的练习并践行行动计划。

说明：本书中引用的所有案例都是基于以前的案例组合而成的，并且更改了病人的真实信息。我将"对立违抗性障碍孩子"和"有对立违抗性障碍的孩子"的术语互换使用，目的是方便读者阅读，并非以是否患对立违抗性障碍给孩子下定义。出于同样的原因，我使用"父母"一词来指代在孩子生活中出现的成年照料者，并没有任何不尊重继父母、养父母、祖父母等角色的意思。

目录

ODD

第一部分

照顾自己

ODD

第 1 章

家有对立违抗性障碍
孩子怎么办

站在悬崖边上的父母

对父母而言，即便是在最好的条件下，养育有对立违抗性障碍的孩子也是很困难的，非常具有挑战性。许多父母已经为控制孩子的对立违抗性行为付出了多年的努力，但是依然收效甚微。他们因此而感到精疲力竭、心烦意乱，并极其渴望找到能帮助孩子的途径或方法。

父母在家中的处境极其艰难：除了会受到来自对立违抗性障碍孩子的语言和身体的攻击之外，他们还要担心其他孩子的安全和健康问题，此外，父母还会特别担忧孩子会被学校开除。养育对立违抗性障碍孩子让许多父母产生了巨大的羞耻感，他们害怕因孩子的不当行为而受到评判或指责。每天面临的压力会对父母的情绪、身体和认知产生严重的影响。美国国家心理健康研究所（National Institute of Mental Health）的数据显示，长期的压力会导致身体出现严重的健康问题，如心脏病、糖尿病等，还会导致焦虑、抑郁等心理健康问题。因此，本书在教父母帮助孩子减少对立违抗性行为的策略之外，还提供健康且实用的压力管理方法。

有对立违抗性障碍孩子的父母总是觉得自己站在悬崖边上，因为他们一直处于提心吊胆、害怕孩子不知何时又要爆发的不安状态中。心理学家将这种紧张不安的感觉称为过度警觉。大脑通过不断地扫描环境中的威胁来帮助人们时刻保持警惕性和防御性。如果身处饿熊遍布的森林里，这会非常有用，但对辅导孩子写作业就没有用了。不幸的是，处于压力下的大脑通常无法分辨这两种情境的差异。

与威胁相关的词是触发。触发因素可能与环境有关，或是一种内在的想法或感觉，它会引起人的压力反应，如心跳加速、胡思乱想、焦虑、恐慌，甚至愤怒。对于有对立违抗性障碍孩子的父母而言，他们的触发因素通常与孩子的发怒、攻击及违抗等行为有关。被不良情绪触发的父母是很难冷静地回应孩子的，因为大脑会告诉他们眼前孩子的行为对自己的身心健康构成了威胁。

想象一下，孩子放学回家后因为家庭作业过多而持续抱怨，父母因此开始紧张和焦虑，大脑中浮现出前一天孩子写作业时的画面，随即产生"我知道孩子会发脾气，但我希望他这次不要动手打人"的想法。此时，孩子的大脑也检测到了威胁的信号，继而情绪被触发。如此，便发生了像往常一样的混乱情况。其实，父母和孩子都不希望这种结果产生，而导致这种结果的原因是他们对大脑检测信号的习惯性反应。因此，父母需要学习相关的技能来控制这些触发因素，这样就可以有足够的耐心，能与孩子共情，始终保持如一的态度来应对孩子表现出的对立违抗性行为了。

为什么父母需要阅读这本书

你是否注意到，在飞机遇到紧急情况时，空乘人员会叮嘱乘客先为自己佩戴好氧气面罩，再去帮助随行的孩子佩戴。这是因为如果乘客感到焦虑、紧张或因缺氧而丧失行为能力，他们就无法为孩子提供安全保障。

这种针对航空乘客的指导同样适用于被孩子的对立违抗性行为困扰的父母。如果父母经常感到压力、焦虑、羞耻或愤怒，就不能如自己所愿来帮助孩子。毋庸置疑，这些父母都非常爱自己的孩子，可以做任何事情来帮助孩子，但因为承受着巨大的压力，所以他们在面对孩子时没有管理好自己的情绪。他们想做得更好，想学习所需的技能，尽可能成为最好的父母。

其实，父母把更多的时间和精力放在自己身上，提升自己的幸福感会直接让孩子受益。尽管这听起来可能与常理相悖，但真相确实如此。自我关怀在某种程度上意味着父母要学会识别孩子的行为对自己身心健康的影响。我们不可能给予他人自己没有的东西。如果父母自己的生活中都充满着沮丧、焦虑、紧张，甚至情绪崩溃，他们怎么可能在自我关怀、共情、耐心及保持一致性等行为方面成为孩子的榜样呢？而如果孩子要有效地管理自己的强烈情绪，这些行为正是需要他们去学习的。

本书要求父母先把自己放在第一位。父母可能会想，"谁有时间照顾自己呢""我买这本书是因为我的孩子需要帮助"……不可否认，有对立违抗性障碍的孩子对家庭尤其是父母的影响很大，且有时会引发情况紧急甚至无法控制的局面。如果不能立刻改变这种现状，父母可能会对将要发生的事情感到恐惧。尽管这种感受是合理的，但本书希望父母先退一步，从不同的角度审视眼前面临的挑战，了解自己的情绪是如何被孩子的行为影响的，这对于打破父母和孩子当下所陷入的困境至关重要。

成功治疗对立违抗性障碍的关键

不同于其他讲对立违抗性障碍的图书，本书可谓"双管齐下"：既考虑到了父母对自我关怀、育儿技巧和方法的需求，又考虑到了孩子在情绪调节和应对困难情境技巧方面的需求。本书的第一部分引导父母了解如何为自己戴上技能和实践的"氧气面罩",第二部分是帮助父母制订减少孩子对立违抗性行为的干预计划。最关键的是,在准备实施改变计划之前,父母必须先认识并开始满足自己的需求,所以请不要直接跳过第一部分。

在第一部分中,父母将了解孩子的行为是如何以多种方式影响自己对孩子及整个家庭的感觉、想法和反应的。这一部分的目标是帮助父母重拾养育的信心,熟悉与对立违抗性障碍孩子的相处中出现的行为模式。这些行为模式可能会与育儿目标背道而驰。这一部分提供了一些方法来帮助父母以更冷静的态度回应孩子,使回应更有针对性。通过学习健康实用的沟通技巧、正念练习和应对策略,父母就可以有准备地进入本书的第二部分——照顾孩子。

第二部分侧重于指导孩子学习新技能,以帮助他们管理自身的强烈感受、想法及行为。这一部分先介绍了孩子的对立违抗性行为,并说明父母是如何在无意中激发这些行为的;接下来,阐述了治疗方案的重点,即制订一个详细计划并系统地实施,包括用适应性的替代行为来取代孩子的对立违抗性行为,为孩子设立清晰一致的边界,强化有效的结果。

本书中所提供的策略和方法均通过了测试,并且测试结果证明,这些策略和方法在解决一系列行为挑战方面是非常有效的。改变行为是非常困难的一件事，所以本书所呈现的都是尽可能实用、高效的方法，便于父母学习和使用。即便是在压力很大的情况下，父母仍然可以有效运用它们。此外，书中的许多练习旨在促进父母与孩子合作，共同探索前进的方向。书中的很多策略和方法可以帮助孩子做出持久的行为改变，但如果他们的对立违抗性行为仍持续存在或变得更加极端，那么，父母或孩子可能需要心理治疗师及专家的帮助。如果父母觉得现在就需要额外的支持，请向当地的专业机构求助。

建立信心

父母要对帮助孩子减少对立违抗性行为这件事充满希望！这听起来很老套，但建立信心确实是必须的。孩子拥有惊人的改变能力。在正确的指导下，孩子可以利用健康、适当、有效的生活技能战胜挑战性行为。

帮助有对立违抗性障碍的孩子做出改变就像跑一场马拉松，需要有足够的耐力。我们的目标不仅仅是完成本书的阅读，更是要将书中所教授的策略和方法融入日常生活。建议父母都能认真阅读每一部分的内容，尤其是第一部分，请一定尝试花一些时间掌握其中的方法。请记住，如果父母忽视自己的需要，在帮助孩子方面，效果就会大打折扣。

除了本书之外，父母还需要准备一些材料帮助完成练习，如一个笔记本，用于记录治疗方案和实施进度；一个日程表，用于标注活动的时间安排，设定阶段性目标，以及标记表明改进情况的重要事件。此外，一个安静的地方会有助于冥想练习，哪怕这个安静的地方是壁橱也可以。平静的音乐、大自然的声音或带引导图像的应用程序会让人更容易掌握正念技巧。如果你已经做好了上述准备，就开始这次学习和实践之旅吧！

养育笔记

- 养育一个有对立违抗性障碍的孩子在情感上是煎熬的。

- 是否学会照顾自己的情绪健康将直接影响父母照顾孩子的能力。

- 帮助孩子从对立违抗性障碍中恢复正常是一项艰巨的任务。这需要父母为之付出极大的努力、耐心，以及坚持。

- 本书在编写过程中充分考虑了父母及孩子的情感需要。

- 阅读速度不是关键，关键是父母如何持续有效地将书中所介绍的策略和方法融入日常生活中。

第 2 章

改变孩子，先改变自己

情绪稳定才能养好孩子

养育有对立违抗性障碍的孩子会给你生活的方方面面带来麻烦。对立违抗性障碍反映了一种儿童与成年人之间的有问题的相处模式，所以对立违抗性行为产生的影响，首先作用于父母。因此，父母把自己照顾好是养育有对立违抗性障碍孩子的首要条件。

父母在照顾有对立违抗性障碍孩子的过程中会产生压力，而这种慢性压力会带来许多健康问题。例如，更容易生病，饮食变得不健康，经常感到无精打采等。事实上，这些健康问题也会使你压力倍增。你现在的心理健康状况如何？你是否感到抑郁或焦虑？多项研究结果表明，对立违抗性障碍孩子的父母更容易出现心理健康问题，焦虑或抑郁会让他们感到绝望，也会大大降低他们的生活质量。但是，有些缓解慢性压力的方法可能会使他们对某些物质出现病态性上瘾，如酗酒等。

父母的健康状况还会影响教养行为。虽然抑郁也会影响教养行为，但已有证据表明焦虑对亲子关系更具破坏性。2004 年，托德·卡什丹（Todd Kashdan）等人研究发现，焦虑除了会显著增加父母的负面管教行为（如惩罚）、社交压力以及控制行为外，还会降低父母对经营亲子关系的热情和积极性，使亲子之间出现隔阂，并可能导致孩子破坏行为的增加。面对如此糟糕的情境，父母会感到更焦虑。

养育对立违抗性障碍孩子也可能对父母的工作产生影响。持续照顾这样的孩子并不容易，毕竟不是每次学校因孩子问题叫家长，父母都能放下工作及时赶到。一边是孩子，一边是工作，父母的压力更大了。

对立违抗性障碍与家庭

对立违抗性障碍具有不可预测性和持续性，家中如有患对立违抗性障碍的孩子，生活会变得如履薄冰。为了不惹怒对立违抗性障碍孩子，家人往往会选择迁就，可这样反而会加剧孩子的问题行为，令传统的家庭结构失调，父母不再是家庭运转系统的核心。为了减少对立违抗性障碍孩子的问题行为，父母会和其他家族成员一起为孩子制定特殊的规则。虽然这样可以减少破坏性行为，但扰乱了家庭规则，使家庭关系变得紧张，也增加了每个人的压力。

　　第一，对立违抗性障碍孩子的兄弟姐妹会受到影响。经常听到有些父母说，虽然他们知道把更多精力拿来应对对立违抗性障碍孩子的破坏性行为会让其他孩子感到不公，但是他们不知道该如何避免。因为当父母把过多的精力放在对立违抗性障碍孩子身上时，其他孩子往往就得不到充分的关注，有可能成为被同胞攻击或威胁的受害者，而产生害怕和焦虑的情绪。

　　第二，父母间的亲密关系会难以维持。父母双方在养育对立违抗性障碍孩子的过程中本就承受着巨大的压力，而且在教养规则和结果上产生分歧，就会进一步增加他们承受的压力。除此之外，如果父母双方彼此感觉不到支持，那么教养压力与孩子问题行为之间的恶性循环会愈演愈烈。

应对家庭之外的对立违抗性行为

　　有些对立违抗性障碍的孩子只在家人面前才表现出最有破坏性的行为，在家庭之外的其他情境中却表现得很好。如果你的孩子也是这样，请注意这些情境的不同之处，以及哪些情境因素能对孩子起到积极作用。除了父母之外，还有很多成年人，如教师、祖父母、邻居和教练等会参与对立违抗性障碍孩子的生活。父母不妨向他们了解一下孩子的表现，他们也许可以提供一些应对方法和策略。

在家庭环境之外，有对立违抗性障碍的孩子也会有对立违抗性行为。例如，当前，美国的学校对对立违抗性行为实行的是"零容忍"的制度，并且相关的反对欺凌和攻击的规定愈来愈严格，这是因为大多数学校并不能有效应对这些行为。有对立违抗性障碍的孩子面临着被停学甚至被开除的风险，而且这种风险越来越大。在学校里，他们必须遵守规则，如不能违抗老师的指令等，而这些都会触发对立违抗性障碍孩子的破坏性行为。父母需要帮助孩子提前做好准备，以适应环境。可以和孩子讨论，怎样做才能让他们更加从容地适应这个校园环境。父母与孩子的互动能让孩子感觉到自己有发言权。不可否认，对立违抗性行为会影响一个家庭，但是，父母通过努力，也可以减轻这种影响。

打破不良情绪反应的循环

为了减轻对立违抗性行为对家庭的影响，父母需要了解清楚是什么原因导致孩子出现对立违抗性行为。通常情况下，这些对立违抗性行为并不针对父母或其他人，而是孩子试图控制自己强烈情绪的下意识反应。

情绪反应是指人处在某种情绪状态时，身体发生的各种变化。情绪反应会导致孩子出现问题行为，给父母造成困扰。对立违抗性障碍孩子的情绪反应周期短、程度强烈，如会突然发脾气、尖叫甚至出现极端行为。情绪的无节制爆发虽然能暂时缓解对立违抗性障碍孩子的不适，但却不能彻底解决问题。

情绪还具有感染性。当对立违抗性障碍孩子的情绪被触发时，父母的情绪也可能随之被触发。虽然父母作为成年人不会每次都因孩子的不良情绪而崩溃。然而情绪一旦被触发，将会影响亲子关系以及父母的信心。

有改善的方法吗？在对立违抗性障碍孩子爆发不良情绪时，父母不妨有意识地、深思熟虑地对孩子做出回应，而不是立刻做出反应。反应和回应二者有着巨大的区别。反应是无意识的，几乎不带有思考或目的性，是体内或体外的刺激而引起的相应的活动或变化；回应则有目的性，是基于思考而采取的目的性行动。

不良情绪的触发因素有哪些

不良情绪的触发因素会在瞬间引爆我们。以我为例，当我儿子开始发牢骚时，我的耐心立刻消失，倾听能力完全丧失，同理心也被耗尽。当我有这种感觉时，我还能做出正确的养育行为吗？显然不能！在我没有了解所有事实的情况下，我更可能会口不择言，或做出无意识的不当反应，给孩子带来负面影响。

那么，父母如何在自身的不良情绪未被触发的情况下，对孩子所表现出来的不良情绪反应做出正确回应呢？首先父母应能够识别出那些触发自己情绪的因素。只有这样，当它们出现时，父母才能有意识地面对它们。有这样一个案例：一位母亲每次去超市都会和她的儿子大吵一架，但儿子并没有比在家里表现出更多的违抗性行为，她不明白自己为什么如此缺乏耐心。最后，她意识到，儿子通常会要求她购买一些采购计划之外的物品，但因为家庭经济紧张，儿子的要求总会激起她的愧疚感，让她觉得自己没有足够的能力来满足孩子的需求。如果这位母亲没有发现自己不良情绪的触发因素，她可能仍旧以为是儿子的行为让自己愤怒，不会意识到自己在这种情境中所扮演的角色。

下面，我们通过一个练习来识别那些容易触发自己不良情绪的因素，它们可能是某种情境、行为、想法和感受。仔细回想一下，一天中哪些时刻对你来说特别有挑战性，或者你和孩子一起去哪些地方时总是容易争吵。

帮父母脱困

识别不良情绪的触发因素

了解是什么因素容易使你对孩子的行为做出不当反应，这对于减少亲子冲突很重要。

请回忆过去两周里你被孩子的行为所触发的情况，同时思考以下问题：

- 在不良情绪被触发之前，你正在做什么？

- 你当时在哪里？时间是几点？

- 除了你和孩子，还有谁在这个情境中？

- 当不良情绪被触发时，你做了什么（如向孩子大叫，对孩子做出威胁的举动）？

- 你如此做的目的（如释放自己的紧张情绪，制止孩子发脾气）是什么？

注意：如果很难找到触发因素，请考虑你当时的情绪状态（如焦虑、沮丧），身体状况（如头痛、饥饿、疲倦），以及想法（如"我真是受够了"）。

接下来，请仔细思考你在触发情境中做得好与不好之处，即你的哪些做法产生了积极结果，哪些做法产生了消极后果？如果你找不到积极的结果，不妨看一下下面的例子。当孩子拒绝从车上下来去上学时，你向他吼叫希望能让他妥协，这样做的积极结果是孩子最终下车去上学了，方法确实有效，消极结果则是你因为自己发脾气而感到难受，同时也无法避免第二天孩子同样拒绝下车去上学的情况。

这个练习并不是为了让父母评判自己的行为，而是帮助父母理解自己与孩子相处时的行为模式。

寻找避免冲突的方法

仅仅了解不良情绪的触发因素并不能够完全解决问题，父母还需要做出一些行为上的改变。当不良情绪被触发时，尝试做出不同的反应确实很难。父母可以试试"休息一下"这个办法。这是一种管理触发因素的方法，能让人暂时从不知所措的局面中摆脱出来。已经有不少父母表示，浴室可以成为一个安全的避风港，能让自己有效地"休息一下"。

父母其实很有必要关注自己的感受，尤其是在知道自己的不良情绪即将被触发的情况下。因为只有留意了自己的感受，才能减少相应的情绪反应。请关注自己的感受，了解感受随时间发展的强烈程度变化，并适当做出改变。例如，当感到非常沮丧时，可以尝试深呼吸、散散步，或者做些其他事情来调节情绪。

记录自己被情绪支配的时刻，以此来提醒自己下次不要再这样了。例如，在做晚饭时，父母因为孩子拒绝摆餐盘而发火。这是否意味着父母在忙碌的时候更有可能对孩子的行为进行反击呢？父母是否为了完成所有的事情而对自己施加了太大的压力？如果是这样，父母可以减轻做饭的负担，如一周内不妨准备几次简单的晚餐，以缓解因事情过多而带来的压力。总之，尝试去改变现状，也许会有不同的效果。

帮父母脱困

记录亲子关系的进展情况

对立违抗性障碍影响着亲子关系的方方面面，因此对父母而言，向患有对立违抗性障碍的孩子打开情感的大门尤其艰难。但是，管教这样的孩子的一个重要部分就是，父母要有意识地与孩子建立健康的亲子关系。

请至少花 30 分钟的时间完成下面的练习，并为自己设定目标。

1. 假如有奇迹发生

假设明天早上你醒来之后，发现孩子的对立违抗性行为完全消失了，你的生活会有什么不同？你们的关系又会有什么不同？你们会一起做哪些事情？你和孩子在一起的感觉如何？

2. 今天要做什么

请制订两个你希望在下周努力实现的亲子关系方面的目标，这可以帮助你离理想的亲子关系状态更近一步。例如，如果在"奇迹"情境中，你想和孩子一起踢足球，就可以邀请孩子在本周末一起踢球；如果你想和孩子敞开心扉地讨论一些困难的事情，就可以和孩子分享你所遇到的一个小问题，以及你是如何寻求反馈的。

亲子关系会随着时间的推移而发展。一旦完成了这两个小目标，你就可以继续制订新的目标了。请将目标和效果记录下来，这样可以帮助你清晰地梳理亲子关系的进展。

练习正念，与孩子建立联结

父母在尝试管理对立违抗性障碍孩子时经常会出现负面情绪，而正念就是一种能帮助父母调节情绪的方法。在事情发生时，不对当下的情况进行评判，也不与其对抗，而是将注意力集中在事情本身或此刻的感受上，这就是正念练习。通过正念练习，父母即使在孩子表现出对立违抗性行为时，也能保持冷静。

与对立违抗性障碍孩子打交道，父母必须做出改变，而正念练习恰恰可以帮助他们迈出这一步。许多人认为正念就是走神或陷入发呆的恍惚状态。其实恰恰相反，正念要求你完全将注意力集中于当下的状态，哪怕是令人感到不舒适的状态。人们往往用各种方式（如饮酒、在工作与生活中超负荷运转、参与社交活动等）竭力逃避负面情绪，却忽略了当下的体验。正念正是一种回归当下的方式。

正念练习需要练习者有意识地体验当下，不要立即对愤怒或沮丧等内心感觉做出反应，不去评判自己的想法、感受或者经历。一开始，不评判是一个很大的障碍，因为你一旦评判，就会觉得必须改变或修复什么。正念是帮助练习者调节情绪的法宝，因为它教练习者只注意和观察自身的经历，而不是与之斗争。

专注于当下

什么是正念意识？丹尼尔·西格尔（Daniel J. Siegel）①在《正念大脑》（*The Mindful Brain*）一书中解释道："正念意识实际上不仅仅是简单的有意识，还包含从意识到心态的各个方面。正念不同于自动和盲目的状态，它帮助人们觉醒，使人们通过反思自己的思想做出选择，进而让改变成为可能。"正念是如何促成改变的？简单来说，正念帮人们培养一种更平静、更专注的心态。做到不逃避、专注于当下，提升了人们忍受痛苦、有效管理情绪、顺利解决问题的能力。

2010 年，哈佛大学的马修·基林斯沃思（Matthew Killingsworth）和丹尼尔·吉尔伯特（Daniel Gilbert）所做的一项研究表明：当人们专注于当下时，他们的情绪会明显得到改善，即使是在面对如排队、

---

① 国际知名脑科学家，备受谷歌、微软推崇的人际神经生物学创立者。他提出的"全脑教养法"实用性极强，用整合理念拓展儿童思维，改变了万千父母的教养方式。他的经典著作《全脑教养法》已由湛庐引进，浙江科学技术出版社于 2023 年出版。——编者注

开会等令人感到无聊的事情时也是一样的。总的来说，当人们全身心地专注于当下并参与进去时，感觉会更好。从行为改变的角度来看，专注于当下比开始一个新的任务更容易，也会使你获得帮助孩子有效管理对立违抗性行为的情绪能量。

帮父母脱困

专注于想法与故事

这个正念练习将帮助你专注于当下并更加了解自己的想法。

用一分钟的时间，将注意力集中在呼吸上。用鼻子深深地吸气，然后用嘴慢慢地呼气。如果你走神了，请将注意力拉回到呼吸上。

请继续进行呼吸，并且留意脑海中出现的任何想法。想象自己是你想法的观察者，可以注意到其特征。你的想法里有颜色吗？如果有，它是暗的还是亮的？你的想法有重量吗？它是重的还是轻的？

你不需要对想法做出任何改变。因为这个想法既不好也不坏，就是它本来的样子。如果你注意到自己正在对这种想法做出评判，那么，想象你的评判变成了蒸气飘向了远方，然后再重新集中注意力，继续成为一个观察者。

此刻的想法把你带到了未来还是过去？请将注意力集中于正

在发生的事情上，让好奇流淌在你的心间。与此同时，其他的想法可能会出现，就随它们去吧。这些想法会如微风中飘荡的气泡般在你的心中掠过。

现在你的想法开始组成一个故事了吗？请注意故事的基调和形式，不要试图重写它。看，故事中的文字像一条写满字的带子一样轻轻地从你身边飘过。

观察现存的想法、文字和故事，直到你准备好专注于自己的呼吸。深深地吸气，让这些想法、文字和故事慢慢地消失，然后慢慢地呼气，直到将肺部排空。

最后，用一分钟的时间，将注意力集中在呼吸上，要注意每次的吸气和呼气。

请将本练习作为日常自我情绪释放的一种方式，并坚持练习。

练习暂停

父母也许很难在每日满满当当的安排中抽出专门的时间休息一下，但暂停非常重要。因为它可以让父母有足够的精神和情感空间来满足自身的需求。将暂停作为日常练习会使父母获益良多，尤其有益于缓解与孩子的紧张关系。

作为控制情绪的主要工具，暂停意味着人们有意识地暂时脱离当下的情境。暂停可以让父母有更多的选择，而不是简单地对当下做出反应。就像父母会建议孩子休息一下一样，父母也该有休息的权利。当与孩子的冲突升级时，请在可能的情况下，试着走开几分钟，让自己有时间深呼吸和平静下来。

暂停技能掌握得越好，父母就越有可能在需要时用上它。学习暂停不需要花费很多的时间，只要保持练习即可。一个很简单的方法就可以将暂停融入日常生活：在清晨开始一天的活动之前，将注意力集中在呼吸上并保持一段时间。

暂停时，请确保专注于那些可以帮助自己缓和下来的事情，关键要冷静下来，在脑海中重现令人沮丧的事情是没有效果的，可以深呼吸，试着把注意力集中在自己能看到、听到、闻到、摸到或尝到的东西上。这些都是正念的技能，可以增加你的幸福感并减少你做出即时反应的可能性。

同情帮父母和孩子做出改变

做出改变的核心是父母要对自己及孩子产生同情。同情是一种可以使父母和孩子发生明显变化的强大工具。一些研究证明了同情的力量。心理学家保罗·吉尔伯特（Paul Gilbert）建立了一个名为"同情聚焦疗法"（Compassion-Focused Therapy，CFT）的完整心理治疗模型。这个模型的基础是通过构建对自己和他人的同情来减少痛苦。洛娜·贾奇（Lorna Judge）和玛丽昂·萨默斯－斯派克曼（Marion Sommers-Spijkerman）分别于 2012 年和 2018 年进行的研究表明，同情聚焦疗法在降低痛苦程度、减少自我批评、减轻羞耻感和减少焦虑方面极其有效。

学会自我同情

自我同情是一种对自己的痛苦和挣扎保持关怀的能力，特别在那些自己认为失败的时刻，更需要自我同情。父母看见孩子的对立违抗性行为可能会感到心碎、焦虑，而帮助孩子减少对立违抗性行为的失败经历又使其挫败、绝望。"我是怎么让事情变得如此糟糕的？我究竟哪里做错了？"对父母而言，产生类似上述的想法是很常见的。因为当孩子表现出对立违抗性行为时，父母要控制住自己的情绪几乎很难，随之而来的结果就是父母会产生自责感、羞耻感和内疚感。对这些情绪问题的过度关注会让父母陷入困境，对做好父母这件事彻底失去信心。解决这些情绪问题的方法是适当的自我同情。

自我同情可以成为父母帮助孩子克服对立违抗性行为的重要力量，因为它让父母学会共情与接纳，具备了复原力和责任感。父母越能接受自己不喜欢的东西，就越能原谅人性的缺点，也就越能给予包括孩子在内的其他人更多的包容与关怀。不妨接受现状：不完美的我们正处在一个不完美的世界中，做一个不完美的孩子的父母也没什么大不了。自我同情会让父母意识到犯错是再正常不过的，应把每次的错误看作一次成长的机会。

帮父母脱困

自我同情

以下正念练习将帮助你建立自我同情的感觉。请记住，你给予自己的同情越多，你对孩子就越有同情心。

将注意力集中在呼吸上，保持一分钟，用鼻子深深地吸气，然后用嘴慢慢地呼气。想象一个小小的、散发着柔和光芒的发光球飘浮在你的面前。球上有一个金色的标签，标签上面写着"自我同情"。试着伸手抓住发光球，当握住它的时候，感受它的温暖在你的身体里蔓延，从头到脚。请享受随之而来的平静感吧。

接下来，回想有人向你表达同情的情境，记住被关怀、被爱和被接受的感觉，体会这种知道自己并不孤单的安全感。想象同情你的人把发光球递给你，你想拿多久就拿多久。

再设想一个你需要同情的情境。你有什么感觉或想法？想象再次握住发光球，深呼吸，感受温暖和舒适。当你沐浴在自我同情的温暖中时，注意观察此刻自己的想法和感受，并保持这样的状态坐一会儿。

完成上述的一系列步骤之后，最后再深呼吸 5 次，然后睁开眼睛。每当需要关怀时，就回想发光球以及被温暖环绕的感觉。

对孩子心怀同情

高度易怒且有对立违抗性行为的孩子在给他人带来痛苦的同时，自己也会感到痛苦，没有孩子会享受闯祸或者与人对抗的行为。孩子之所以表现出对立违抗性行为，并不是因为他们存在某些性格缺陷，而是因为他们缺乏有效应对强烈情绪的方法。如果他们知道更好的情绪调节方式，就一定会将情绪管理好。

凯茜·林德纳·坦普尔斯曼（Cathy Rindner Tempelsman）在育儿指南《智慧儿童》（*Child-Wise*）中指出："行为不可爱的孩子是最需要被爱的孩子。"父母如果努力地从同情的角度看待孩子的挑战性行为，就会认为孩子是在竭尽全力地战胜对立违抗性行为，就会更多地看到孩子所面临的挣扎而非对抗，也就不再纠结于对立违抗性行为本身，而是专注于解决问题。塑造理解和温暖的氛围将帮助孩子学会自我关怀。

帮父母脱困

你的感觉如何？

对立违抗性障碍孩子的父母很容易焦虑甚至抑郁。请通过下面的自我评估题目检测自己是否有抑郁或焦虑症状，并记录答案和日期。说明：在本书第 8 章，还会再次进行这方面的自我评估。

A 部分

1. 最近有没有感到情绪低落或难过？

2. 是否觉得很难享受平时喜欢的东西？

3. 最近体重或食欲有变化吗？

4. 是否睡得太少或太多？

5. 是否经常感到疲倦或劳累？

6. 是否经常有无用感和／或负罪感？

7. 做决定是否变得困难了？

8. 是否觉得生活中的事情没有希望？

9. 思考或集中注意力是否变得困难了？

10. 是否有过自杀或者死亡的念头？①

---

① 如果你对问题 10 的回答是肯定的，请立即寻求专业帮助。如果你无法确保自己和家人的安全，请拨打 110 或前往距离自己最近的医院就诊。

如果你做出了 5 个及以上问题的肯定回答，说明你可能有抑郁的症状。请与医生讨论你的情况，并考虑治疗方案。

B 部分

1. 是否存在高度焦虑的现象？
2. 遇到问题时，是否会比平时有更多的忧虑不安？
3. 处理烦恼是否有困难？
4. 是否会感到不安或紧张？
5. 是否容易感到劳累？
6. 是否难以集中注意力？
7. 是否经常感觉大脑一片空白？
8. 遇到问题时，是否会比平时更烦躁？
9. 遇到问题时，是否肌肉紧张？
10. 是否存在入睡困难或睡不安稳等睡眠问题？

如果你对问题 1 和问题 2，或其他问题有 3 个及以上的回答是肯定的，说明你可能有焦虑的症状。请与医生或心理治疗师谈一谈，这可能会对你有所帮助。

养育笔记
- 孩子的对立违抗性行为会影响家庭中的每个成员。
- 打破不良情绪反应的循环是有可能的！
- 识别不良情绪的触发因素是帮助孩子学会管理强烈情绪的第一步。
- 正念，即以开放、不加评判的方式拥抱当下，有助于改善心境和管理紧张情绪。
- 自我同情可以增加父母对孩子的同情心。
- 如果你有抑郁或焦虑的症状，尤其是有自杀的念头或意图，请立即寻求专业帮助，如果需要，请拨打 110 或前往距离自己最近的医院就诊。

ODD

第 3 章

管理情绪，不激发矛盾

与不适感保持距离

想象一下，在一个美丽的夏日，一家人准备去沙滩玩儿一天。父母早早地起床，收拾防晒霜、毛巾等外出用品。此时，孩子还在睡觉，家里很安静。父母非但没有因即将出游而感到兴奋，反而感到焦虑、紧张，甚至沮丧，脑海中还闪现出孩子在车里吵闹或因小小的要求得不到满足而崩溃的画面。父母回忆起之前全家去沙滩游玩却因孩子大发雷霆不得不掉头折返的情景。焦虑、沮丧变成了内疚，甚至羞愧。尽管不断地告诉自己，今天可能会有所不同，但父母还是无法摆脱消极情绪，担忧在脑海中挥之不去。这一切听起来是不是很熟悉？大多数有对立违抗性障碍孩子的家庭都面临着这样的状况。

第 1 章讨论过"过度警觉"和"触发因素"。当父母有过多次与对立违抗性障碍孩子不愉快的沟通经历后，大脑就设计出了一个可以预测最糟糕情况的程序。父母在面对孩子时会感到紧张，是因为大脑正在试图通过预测问题来保证安全。孩子的易怒行为可能已经成为亲子关系中的一个巨大障碍，因此父母在面对孩子时常有痛苦、矛盾的感觉。这类孩子的父母要坦然面对这些不适感，学会在不适感来临时保持冷静。做到这一点是改善教养效果的关键。

没有人愿意沉湎于愤怒、悲伤、恐惧和羞耻中，所以了解这些情绪所带来的影响是至关重要的。

首先，父母有负面情绪是完全正常的。这些情绪是父母对所处情境的合理反应，没有任何问题。我建议你从自己最强烈的情绪入手，看看它还潜藏着哪些触发因素。事实证明，愤怒和内疚往往是由悲伤所驱动的，因为人们通常喜欢用一些次级情绪来掩盖悲伤的脆弱性。愤怒可能令人不快，但它比悲伤让人感觉更有力量，尽管它提供的力量感不怎么持久。父母对对立违抗性障碍孩子的很多愤怒源于看到孩子挣扎时的悲伤以及对他们未来的担忧。

面对对立违抗性障碍孩子，父母常常有内疚感和羞耻感。这两种情绪都可以理解。虽然内疚感让人很痛苦，但是它远比羞耻感有用。适当的内疚感可以帮助父母看到自己是如何在无意中引发孩子的问题行为的，还可以帮助父母解决问题并改变自己的行为。羞耻感通常是有害的。羞耻感会让父母觉得自己是糟糕的家长，并将孩子对立违抗性行为的爆发归因于自己。羞耻感并不会像内疚感一样起到激励作用，反而常常令父母沉湎其中，无法及时寻求帮助。

毋庸置疑，父母养育一个有对立违抗性障碍的孩子意味着要处理很多强烈且不愉快的情绪。如果你正在读这本书，说明尽管你感到痛苦或焦虑，但仍下定了决心，要和孩子一起进步。取得进步的一个有效方法是改变自身与最负面感觉之间的关系，而非直接改变自身的感受。正念、接纳承诺疗法（Acceptance and Commitment Therapy，ACT）和认知行为疗法（Cognitive-Behavioral Therapy，CBT）等策略对改变自身与负面感觉之间的关系特别有效。正念练习非常有助于父母拉开自身与最强烈的情绪之间的距离。在最初的感觉（如愤怒）来临的时刻和采取行动之间拉开一点儿差距，可以帮助父母即使在面对困难的情况下也能保持冷静。

———— 帮父母脱困

观察自己的情绪和想法

请找一个安静、舒适的地方，抽出 5 分钟的时间，可以用计时器或手机闹钟来定时，来做这次冥想。

首先，花 1 分钟的时间，将注意力完全集中在深呼吸上。深呼吸是用鼻子深深地吸气（感觉到腹部在膨胀），然后通过嘴慢慢慢地呼气（感觉到腹部在收缩）。如果发现自己的注意力分散了，请重新将注意力集中到深呼吸上来。

其次，闭上眼睛，花 2 分钟的时间将注意力完全集中于此刻的情绪。如果无法确定此刻的情绪，只需要留意自己是否感觉舒服即可。

现在，想象一下蔚蓝的天空、蓬松的云朵、轻柔的微风，想象着自己小心翼翼地将感受到的每一种情绪都放到飘过的云朵上。

请注意云朵是如何随着微风从自己身边飘过的。一开始，它们就在你的面前，现在已经远去。如果有些云朵停留在你的身边，那么，就让它们停留，因为微风很快就会把它们吹走。

如果发现自己正在对这种感觉做出评判或变得心烦意乱，请将注意力集中在蓬松的云朵和轻柔的微风上。

最后，请花 2 分钟的时间用同样的步骤对自己的所思所想进行处理，将脑海中闪过的所有词汇和句子都放到云朵上。无论多么令人分心或痛苦，都让载着思绪的云朵飘走。请记住，它们只是想法，本身并没有力量。你无须做任何努力便可注意到它们的样子、给人的感觉。你可以让它们飘过去。

如果它们被卡住了，或你开始对它们进行评判，也没关系，因为这很正常。就顺其自然，等它们准备好了自然就会飘过去。

当计时器或手机闹钟响起时，请再深呼吸 5 次，结束本次冥想。

摆脱回避的陷阱

回避（即试图躲避或抑制疼痛和痛苦的感觉、想法及情境）很诱人，它是人们对疼痛和痛苦的自然反应，可以让人们在面对不安的情境时感到舒适。但是，人们越是回避，这些令人不安的事情就会变得越难以控制，然后进一步促使人们逃避。当孩子令父母感到不适时，回避会极大地破坏育儿热情，影响孩子的成长并降低其做出改变的潜能。健康的应对方式不是将生活中不可避免的困难推开，而是容忍和接受它们，即使存在困难，也要继续前进。

回避的形式有多种，有些形式并不像身体上的回避那么明显。例如，当冲突变得白热化时，父母就会把有对立违抗性行为的孩子送回他的房间。在有对立违抗性障碍孩子的家庭中，常见的回避方式有以下几种。

绝望和放弃。父母往往非常气馁，会表示"没有希望了""没有任何效果""我做得够多了"……抱定放弃的念头可能会帮助父母避开恐惧、悲伤，但不会带来任何改变的希望。

让步和安抚。父母已经厌倦了孩子的情绪失控。为了避免孩子情绪失控，父母就选择向孩子让步，但这只会强化孩子不守规矩的行为。通常来说，这种形式的回避会令教养方式不一致，如为了保持家庭关系的和谐，父母不按规定对孩子进行相应的惩罚，或无意中奖励了孩子的不恰当行为。

惩罚和控制。一些父母试图通过惩罚和控制来回避孩子的对立违抗性行为所带来的不适感。他们的初衷通常是通过严格的规则来帮助孩子做到举止得体，并通过严厉的惩罚来强制孩子遵守规则。虽然规则对于对立违抗性障碍孩子来说是必要的，但惩罚和控制往往会适得其反，因为这会让孩子感受不到父母对自己的信任，并造成一些不必要的摩擦。

辩解和责备。为孩子的对立违抗性行为找借口或责备他人（"她太累了""老师对他真的太严厉了"），也是一种常见的回避方式。从情感上而言，这样做虽然避免了父母认为自己的孩子是坏孩子这件事，但实际上孩子还是被分成了"好的"和"坏的"两个部分。实际上，孩子是一个有着复杂需求的完整个体。

分离和断开联结。从心理角度而言，与一个既可爱又可怕的对立违抗性障碍孩子建立情感联结是具有挑战性的。父母可能会试着将自己与孩子从情感上分离开来，以逃避这样的挑战。一些父母常说"我无法与他建立联结"、"我爱她，但我不喜欢她"或者"我对他的感觉和对其他孩子不一样"。这些父母也是非常爱他们的孩子的，但同时他们也会不知所措，有时只会用逃避来应对。

愤怒。家有对立违抗性障碍孩子的父母每天都会因为照顾孩子而痛苦挣扎，经常为了避免痛苦和恐惧而发怒。对立违抗性障碍孩子的成长过程是令人感到痛苦和恐惧的，特别是在没有任何干预的情况下。与痛苦和恐惧相比，愤怒让父母觉得自己没有那么脆弱，但愤怒并没有真正解决对立违抗性障碍所带来的问题。

也许这些回避策略可以提供短期的慰藉，但从长远来看，它们只会延续不良的行为模式，从而引发更多的痛苦，并不能让父母直面问题并解决问题。

我们已经了解了大部分的回避陷阱，是时候开始学习如何摆脱困境了。摆脱困境意味着先要意识到自己正处于困境之中。父母既然正在阅读这本书，说明可能已经意识到自己需要一些帮助来改善亲子关系了。

上面提到的回避陷阱，哪个最能描述自己的情况呢？是不是自己的行为引发了孩子的对立违抗性行为？这并不是要让父母自责或羞愧，而是要为行为转变提供一个出发点，因为只有意识到问题，才能做出改变。建议父母尽可能客观地辨别自己所处的困境。当父母不知所措时，是否会与孩子断开情感联结？对孩子发怒和妥协是否比坚持自己的立场更容易？在暴怒时，父母是否会感到羞愧和内疚？

意识到这些问题是很难的，但是与陷在困境中相比，这就不算什么了。改变困境，我们其实比自己想象的更有力量。

————————— 帮父母脱困

给孩子写一封信

下面的练习可以帮助你以一种开放、坦诚和安全的方式向孩子表达自己的感觉。你并不用真的把这封信给孩子，它只是给你一个机会，让你意识到孩子的行为对自己产生的影响，以及你对孩子依然怀有的期望和梦想。

请在笔记本上写一封给孩子的信（你无须寄出这封信），根据下列提示写出相应的内容：

- 孩子出生的时候，你对他所怀有的期望和梦想。
- 列举孩子身上你所欣赏的品质，以及你爱孩子的原因。
- 你对孩子未来的期望。
- 孩子的语言、行为及态度让你产生的对自己以及对孩子的感觉（请尽可能坦诚，虽然这样会很痛苦）。
- 孩子的行为和对立违抗性障碍症状对你的生活造成的影响（包括人际关系、事业、幸福感、信仰及人生目标方面的影响）。

- 你所尝试过的解决方法（请记录尝试过的有帮助和没有帮助的处理方法）。
- 你为了避免孩子的行为对自己产生影响，所尝试回避的那些令人不舒服的想法、感觉和情境（列举回避策略）。
- 你依然感觉充满希望的原因。

写完这封信之后，你可能希望把它撕掉或把它放在一个安全的地方。写这封信的目的是让你表达自己的痛苦并意识到孩子的对立违抗性障碍症状对自己造成的影响，进而做出下一步的改变。

接纳自己的情绪

前面已经介绍了很多回避策略，以及人们倾向于逃避负面的想法或感受的原因。那么，当感到不舒服时，到底应该怎么做呢？只能被这种不适感困住吗？显然，这种想法是错误的。解决问题的关键在于接纳。在心理学中，接纳意味着允许自己体验思想、情绪或所处的情境，而不是试图改变它们或将它们推开。

史蒂文·海斯（Steven C. Hayes）、柯克·斯特罗萨尔（Kirk D. Strosahl）和凯利·威尔逊（Kelly C. Wilson）在《接纳承诺疗法》

（*Acceptance and Commitment Therapy*）一书中提出，接纳既是一种行为意愿，又是一种心理作用。行为意愿指自愿地选择和生活中的各种想法、感觉以及经历（甚至是痛苦）共存。例如，父母可以有意地选择活在当下（不管当下的生活多么具有挑战性），选择自己重视的事情（如与孩子的亲密关系）并为之付出努力。心理作用是指有意识地采取一种开放、接受、灵活和非评判的态度对待当下的体验。接纳是一个审慎的、有意识的过程，旨在培养灵活性、忍耐力，并最终实现自我接纳。

若把接纳的过程比作一场拔河比赛游戏，父母在绳索的一端，痛苦的感觉、想法或经历在绳索的另一端。父母用力拉，对手就会用更大的力拉回去。从心理学上讲，父母越努力抵制痛苦的体验，它在生活中的强度就会越大、持续时间就会越长、频率就会越高。在这个比喻中，接纳意味着放开绳索，这样双方的斗争就会因一方的退出而停止。

如果练习得当，接纳可以帮助父母在面对不适感时让自己更舒适。这听起来有些自相矛盾，但接纳确实能起到这样的作用。父母长期压抑心中消极的想法和感受，会导致抑郁、焦虑等健康问题，并容易导致他们总是采用无效的处事策略。这些都会加剧父母的痛苦。接纳是积极应对情绪挑战的一个最佳、最现实的选择。生活中充满了令人痛苦的事情，既然没有办法避免，那么最好的办法就是接受它们的存在，将它们作为生活的一部分，保持"无论如何，都要前进"的信念。

接纳并不是要你直接放弃，而是坚持一个非常积极且有目的性的过程。与屈服于消极的想法、感受和经历相比，学会接纳要困难得多，需要持之以恒，并坚守自己的价值观和目标。

帮父母脱困

接纳自己的负面情绪

下面的正念练习将帮助你提升忍受痛苦的能力，这是一种安全、结构化的方式，可以让你在面对不适情境时逐渐拥有舒适的状态。

在一天即将结束的时候，请留出 10 分钟的时间（可以设个闹钟），待在一个安静、舒适的地方。

先花 1 分钟的时间，将注意力完全集中在深呼吸上。用鼻子深深地吸气，然后用嘴慢慢地呼气。呼吸要足够深，在吸气时腹部要鼓起来。如果发现自己走神了，请将注意力重新集中到深呼吸上来。

闭上眼睛，想想从早晨醒来到现在的这段时间里，发生在自己身上的所有事情，让所有的事情从意识中经过。

现在，想想一天中的哪段经历你觉得最艰难。回忆起这段艰难的经历时自己产生了哪些想法和感受？它们是令人舒服的还是难受的？如果发现自己正在抗拒一些想法和感受，请尝试顺其自然。

在回忆一天中最艰难的经历时，请将注意力集中在身体上。从头到脚逐一识别身体出现的感受（包括温暖、紧张或疼痛），同时要允许这些感受的存在。

再深呼吸 5 次。

想象自己从今天的挑战中轻轻拾起了艰难的感受，并将它们放在手掌中，从各个角度观察它们，注意它们的外观、给人的感觉以及重量。

如果发现自己分心了，就将注意力拉回到这些感受上来。完成之后，想象着自己将这些感受轻轻地放在了身边。

现在是时候好好看看自己对今天所遇到的困难的看法了，把它们想象成一串行动缓慢的文字，让它们像微风一样从自己的身边飘过。请查看每个字的字体、字号和颜色，看清它的"本来面目"。让这些文字在自己的周围旋转，直到它们在自己的眼中只是一些文字。

深呼吸 5 次，想象面前出现了所有的对痛苦、困难的想法、感受，以及身体知觉，要看清它们的所有细节，并承认它们的存在是合理的。

现在，请设想自己身处不适中，并提醒自己："我有足够的力量来掌控这些困难的事情。"

最后，深呼吸 5 次，慢慢睁开眼睛。你的感觉如何？你注意到了什么？

正视痛苦

每天，父母都在体验着各种各样的情绪，可能会先因塞车而感到烦躁，然后因大型电话会议而感到焦虑，接着因外出用晚餐而感到兴奋。无论是否意识到了它们，感受、想法就是这样不断地在脑海中来来去去。

逃避消极的事物是人类的天性。虽然这样可能会带来短期的轻松，但这并不是治疗痛苦的良药。相反，这样做会加剧痛苦。有意识地选择靠近痛苦，会让人们专注于当下正在发生的事情，而不是抗拒现实。

接纳痛苦是摆脱痛苦的一种手段。ACT强调的是，无论感受如何，都要按照自己的价值观生活，并力求做出与价值观相符的行动。对于重视亲子关系的父母而言，这可能意味着当看到孩子挣扎时，父母必须面对随之而来的痛苦。接纳痛苦还可以让父母自我接纳，而不是自我批评和怀疑。正视痛苦最初是非常具有挑战性的，但通过练习会慢慢变得容易。

强化接纳的能力

"我儿子怎么这么生气？""为什么女儿不理解我？""生活为何如此艰难？！"这些"为什么"会使你陷在困境中无法自拔，因为它们让你的注意力集中在"事情应该是什么样子"，而非"事情本来是什么样子"。

在笔记本上先列出 10 个你经常问自己的"为什么"，这些问题可以与自己、孩子或挑战性情境相关，然后重写一次，将疑问句变成陈述句。例如：

"为什么女儿不理解我？"可以修改为："女儿不理解我。"

"生活为何如此艰难？"可以改为："生活就是很艰难。"

这样做的目的是帮助你将思想重新集中在当下，看到并接受事物的现状，而不是对它们进行评判。

面对挑战继续前进

父母一定希望有办法能让自己和孩子实现长期内可持续的改变。

在这一过程中，父母会面临巨大的挑战，难免会跌跌撞撞，有时还会"摔倒"。如果发生这种情况，请记住，改变之所以这么艰难，正是因为它非常重要。父母想要帮助孩子有所收获，就需要与孩子一起学习新的技能。与此同时，父母还需要做出一些可能违背直觉或令人不快的改变。在这个过程中，父母要对自己温柔一点，不力求完美，而是鼓励自己坚持下去。过程中的起起伏伏会告诉父母哪些地方需要花更多的时间或下更多的功夫。不用急，给新习惯的养成留出的时间越充足，未来保持下去的可能性就越大。

行动起来

练习自我照顾

自我照顾是幸福的基本要素。照顾好自己并不意味着自私，它是照顾他人的先决条件。大多数父母会觉得生活如此忙碌，根本没时间照顾自己。但是花点时间照顾自己绝对是件物超所值的事。人们不能从枯井里取水，自我照顾会让父母充满能量，把亲子之间这口爱的"水井"填满。

自我照顾也需要练习。请制订一个为期 7 天的自我照顾计划，每天安排一项滋养或抚慰自己的活动，不能太复杂，要足够简单，以便减轻实施的压力。

自我照顾计划最好以书面形式呈现，因为对于自己书面设定的任务，人们会更重视。可以借助以下方法完成这项计划。

冥想和引导想象。研究表明，冥想和引导想象可以有效促进积极情绪的出现。网络上有许多冥想视频，请选择一个时长在 10 分钟以内的视频进行练习。

正念。这是一种感知当下的练习。现在流行的一种正念活动是：花 2 分钟的时间，注意你看到的 5 件东西、听到的 4 种声音、触摸到的 3 件东西、闻到的 2 种气味，以及品尝到的 1 种味道，让人沉浸于当下。

运动。健身对身心健康很重要。运动时，人体释放的内啡肽有助于改善情绪、缓解压力并能减少轻度抑郁和焦虑症状。不需要超强度或长时间的运动，15 分钟的步行或伸展运动就可以了。

感恩。事实证明，感恩可以促进积极情绪的产生。试着每天列出自己要感恩的 3 件事，也可以做一个"感恩罐"，每天将对某事或某人的感激之情写下来，放进感恩罐中。

美好时光。与自己关心的人或宠物共度时光是补充身体能量的一种好方法。请确保自己全身心地和他们待在一起，不要眼睛总盯着手机或电视。

养育笔记
- 对立违抗性障碍孩子比一般的孩子更容易产生不舒服的感觉和想法。
- 当父母努力帮助对立违抗性障碍孩子时，愤怒、悲伤、焦虑、内疚和羞耻是他们身上很常见且很自然的感受。
- 回避痛苦的感觉、想法和情境只会让情况变得更糟。
- 接纳为痛苦的情绪和想法留出了空间，不要试图改变或摆脱这些情绪和想法。
- 接纳是一个积极的过程。
- 自我照顾是必要的，而不是自私的行为。如果自己一无所有，就无法回馈他人。
- 自我照顾需要父母花费一定的时间练习，坚持下去，才有效果。

ODD

第 4 章

用心沟通，建立信任

什么是用心沟通

大多数养育对立违抗性障碍孩子的父母会与孩子形成一种根深蒂固的交流方式：无休止地重复，诸如"你要按我说的去做！"或者"不要让我再告诉你一次！"之类的话语。随着时间的推移，这些话语会很快失去意义。父母该如何打破这样的无效沟通模式，做到真正倾听孩子的心声，并以更有效的方式表达自己的想法呢？用心沟通是关键。

用心沟通，既不是反应性应答，也不是因为感到生气或为了证明自己是正确的而进行的沟通。它不仅仅是述说，还需认真倾听沟通对象的话语，并回应他们。听和说一样重要，甚至有时候听更重要。谨记：交流不仅仅是口头表达，还包括肢体动作、声调及音量等。

　　用心沟通是一个带有目标的、主动交流的过程，需要沟通者留意当下的状况（检查自己的想法、感受和反应）。无论沟通是否顺畅，沟通者都不要陷入情绪反应之中，要致力于完成谈话目标。在沟通过程中，沟通者应注意体会情绪对沟通方式的影响，以便后续改进。例如，若知道自己在沮丧时会脾气暴躁，就要在与孩子交流时感到沮丧的时候暂停一下；若发现自己在承受压力时想要逃离，就在接孩子放学之前做一些正念练习。自省与自问是很有帮助的，不妨问问自己："我是想赢，还是想找到解决方案？"如果是想赢，就说明没有用心沟通。

　　接下来请看用心沟通是如何帮助父母改善与孩子之间的关系的。

　　对立违抗性障碍的症状之一是好争辩。孩子可能在沟通技巧方面存在一些重大缺陷，并且在面临挑战时依赖于争论和反抗。用心沟通可以帮助对立违抗性障碍孩子获得尊重、倾听、共情和非暴力沟通 4 种急需技能。

　　与对立违抗性障碍孩子交流的挑战在于他们可能暴躁易怒，可以很轻易地将冲突迅速升级，让人措手不及。父母可以在用心沟通方面为孩子塑造榜样，让孩子知道父母不再以之前的方式应对他的情绪风暴，孩子也会相应地改变对父母的反应方式。这是打破陈旧的无效沟通模式的第一步。

尊重是用心沟通的基本原则。然而，大多数有对立违抗性障碍孩子的家庭都会陷入一种缺少尊重的互动模式。父母可以通过在谈话中表现出友善和谦恭的态度来示范尊重，不要大喊大叫、讽刺或侮辱，要控制好说话时的音量和语气。父母可以像对待同事或朋友一样，与孩子交谈。这样的交谈不一定要很正式，但应该有礼貌。例如，如果父母想让孩子打扫房间，可以说："请在 12 点之前把你的房间收拾干净，地板上不要有任何东西，而且要把玩具收起来。"这样的表达比"赶紧起来，去打扫房间"更尊重人。请记住，孩子是独立的个体，无论表现得多么糟糕，都应该得到善待和尊重。父母通过示范表现出对孩子的尊重，并向孩子展示了对待他人的正确方式，让孩子知道即使在艰难的情况下也应如此。

用心沟通是有目标导向的直接沟通。在开始与孩子交谈之前，父母应考虑希望达成的目标。达成目标不能靠争论，而是要靠共识。例如，如果父母希望孩子放学回家后早点开始做作业，就说出为什么早开始做作业很重要。例如，早完成作业就有时间放松，可以做一些其他有趣的事。事实证明，父母与孩子之间可以有很多共同的想法。

父母使用清晰简洁的陈述语句有助于有效沟通，所以应使用简单的语句对孩子提要求，同时要充分描述细节。例如，"请在 6 点吃晚饭前把床上的衣服收起来"，这个陈述语句明确了任务、期望和截止时间。

帮父母脱困

从 3 个不同角度看待问题

做到用心沟通，需要你具备洞察他人观点的能力。下面的练习将帮助你学会从 3 个不同的角度看待同一个问题。

回想一个近期你与孩子发生争执的情景，并尽可能详细地回忆其中的冲突点和双方的争论点：

1. 在笔记本的顶部写下争论点，例如，家庭作业。

2. 将这一页分成 3 列："我的观点""孩子的观点""中立的观点"。

3. 在"我的观点"一列中，先写为什么这个问题对自己很重要。例如："我希望他在晚饭前完成作业，这样他就可以在晚饭后放松。"接下来，写下沟通目标和实际结果，如："我本想度过一个平静的夜晚，但我们却大吵了一架，毁掉了平静。"最后，反思自己是否可以做些事情让情况变得不同。如果可以，请记录下来。

4. 在"孩子的观点"一列中，对孩子行为背后的原因做出最好的设想。假定孩子的本意不是要把你逼疯，也不是为了争论而争论，他不想立刻完成作业，也许只是在学校度过了漫长的一天后想要先休息一下。现在，请写下孩子的沟通目标和实际结果。例如："他想放学后休息放松一下，但我们却大吵了一架。"

5. 想象在一位旁观者的视角中，你和孩子的沟通目标分别可能是什么，将这些猜测写在"中立的观点"一列中。

6. 请查看 3 列的记录内容并思考它们的不同之处，在下方写下你从其他角度看待这件事的感受，以及可以从中学到什么。

请在大脑中实时地练习这项技能。虽然这需要下一定的功夫，但是通过不断的练习，你就能与孩子更用心地沟通了。

积极倾听

当孩子表现出对立违抗性行为时，孩子其实是在尝试与父母交流某件事。父母对这些尝试理解得越到位，就能越快地从应对冲突过渡到解决问题。因此，倾听孩子的心声很重要。

学会倾听是一门艺术。学习者必须通过有意识的练习和训练才能学会倾听。倾听是沟通的重要组成部分。如果想要在用心沟通方面游刃有余，父母就需要反复训练两种技巧：积极倾听与反思性倾听。

积极倾听涉及多方面，包括眼神交流、保持专注和开放的心态、不打断别人讲话、不随意评判、不自以为是地提出解决方案等。看起来好像一次要做的事情很多，但在与孩子互动时，父母可能已经在做其中的几件事情了。

与孩子说话时，请注意保持眼神交流，不要用威胁的方式，也不要玩手机或同时处理多项任务，要表明此刻自己的全部注意力都集中在孩子身上。这样，孩子就会明白他所说的内容对父母来说很重要。在倾听的时候，父母不用去想应如何回答，只需要专注于孩子的讲话内容。请注意孩子是否在表达他的感受，因为有对立违抗性障碍的孩子的行为往往是为了控制自身强烈的情绪。如果父母发现自己开始对讲话内容进行评判，请提醒自己要抱着理解的态度倾听。请允许沉默的存在。当孩子向父母寻求反馈时，父母在回复之前不妨先思考一下，仔细斟酌回复的语句。父母要在回答中表达自己对孩子处境的共情，哪怕对孩子发脾气是因为他没有吃午饭这样的小事，也要表明自己理解了孩子的感受。

反思性倾听是听取对方的观点并复述给对方，以防误解对方的意图。对父母而言，反思性倾听可以表明父母正在努力理解孩子的观点。例如，孩子与父母谈论他在足球训练中的一次令人沮丧的经历，父母可以逐字重复孩子最后说的话（如"因为教练把你换下场了，你感到非常生气"），或试着对孩子说的话进行解释（如"听起来你是因为被换下场而感到生气"）。对孩子所说的话进行解释可能会更难一些，因为父母很有可能表达了偏见，因此，父母在开口之前，应谨慎措辞。同时，父母可以要求孩子进行确认（如"因为教练把你换下场，你感到非常生气，对吗？"）。通过练习，父母可以掌握积极倾听与反思性倾听的技巧。

只听自己想听的内容

作家威廉·怀特（William H. Whyte）曾敏锐地指出："沟通的最大敌人是错觉。我们说得太多了，但并没有在倾听。"当我们倾听不是为了理解他人，而是为了计划下一步或以其他方式实现自己的目标时，就会发生这种情况。这种情况的出现阻碍我们提升解决问题、交流和理解他人的能力。现实中，有的父母很难做到倾听孩子讲话。每当咨询师开始总结咨询内容时，他们会马上说："我知道你一定认为我没有花足够的时间陪孩子。"他们没有倾听咨询师的建议，只顾着为自己辩护，所以无法有效地制订下一步的策略。

父母和孩子交谈时，如果经常发现听到的内容全都在意料之中，这很可能是因为父母已经预设了与孩子交谈互动的结果，习惯了以某种方式与孩子进行交谈。例如，讨论孩子该花多少时间在使用社交媒体上这个话题，若父母认为自己已经知道孩子会如何回应，就可能会在无意中忽略孩子所说的其他与自己期望不符的内容。虽然这些内容对父母不算什么，但是对孩子来说可能非常重要。只听自己想听的内容而忽略对方真正表达的想法，会限制自己交流能力的提升。

听清对方所说的内容

真正倾听对方所说的话是用心沟通和有效沟通的基本要素。例如，心理咨询中最令咨询者感激的是他们可以有机会被真正地倾听。被倾听和理解的感觉会产生巨大的疗愈作用。

如何倾听对方实际要表达的内容，而不是只听自己预设的内容？以一个四口之家为例，看看他们是如何通过训练达到倾听目的的。由于他们之前已经习惯了在谈话之前做假设，因此需要一遍又一遍地练习倾听。每两人为一组，让其中一个人陈述，另一个人重复听到的内容。尽管这看上去是一项简单的任务，但是若没有倾听的习惯，难度就很大了。一个月之后，每位家庭成员都表示自己的倾听技能有所提高，彼此之间的争吵也减少了。由此可见，当倾听技巧提升时，随之而来的改变会是令人惊喜的。

有的父母可能会不知所措，认为自己的话并没有被孩子倾听或理解。若父母能以理解、共情和倾听的方式来聆听孩子的话语，会有更直观的效果。当父母成为更好的沟通者时，孩子也将学会相同的沟通技能，冲突自然就减少了。

帮父母脱困

积极倾听和反思性倾听

本练习将帮助你训练积极倾听和反思性倾听的技巧，从而改善你与孩子的交流方式。这可能具有一定的挑战性，但随着反复练习，你会感觉越来越容易。建议你每天与不同的人在不同的情境下练习这些技巧，可以告诉你的交谈对象你在进行练习。

你可以选择熟悉的人作为交谈对象，诸如朋友、配偶或孩子。从一个开放性的问题（不能只回答"是"或"否"的问题）开始交谈，例如："到目前为止，你感到一天中最棒的事情是什么？"

当交谈对象回答时，请集中注意力听每个字。你可以用眼神交流，也可以用点头等肢体动作让交谈对象知道你在全神贯注地倾听。接下来，先在心里重复自己所听到的内容，然后不加任何判断地将其反馈给对方。例如："听起来你今天和马特共进午餐的时候真的很愉快。"让交谈对象回答问题时，你依然要保持全神贯注的状态，然后问一个需要对方确认的问题来表明你想了解他的经历。例如："你是说你吃了一个全麦金枪鱼三明治吗？"最后，再看看是否有机会表现出你的同理心，例如："看到你今天外出就餐这么开心，我也感到很高兴！"

协作对话

协作对话是用心沟通的另一个重要组成部分，带有高度的目的性和开放性。在《无法停止的学习》（*Unstoppable Learning*）一书中，教育家道格·菲舍尔（Doug Fisher）和南希·弗雷（Nancy Frey）将协作对话定义为"参与者可以不同意但不会不愉快的对话"。在具体操作层面，协作对话应该是倾听者倾听他人却不试图改变他人的想法，或公开谈论自己的不同看法并求同存异。

合作者之间的关系是建立在尊重彼此想法的前提下的。作为家长，父母对孩子而言是权威人物。协作对话要求父母尊重孩子的意见，这并不意味着孩子在决策中和父母拥有同等的决定权，而是要求父母学会重视、尊重孩子的意见，并在做最终决定之前将孩子的意见融入其中。这个过程不是以问题为中心，而是以解决方案为中心。协作对话的主要目标是找到一个令人满意的解决方案，而不是一直纠缠在争论的问题上。

协作对话是带有目的性和目标导向的。很多时候，父母与有对立违抗性行为的孩子交谈，总会绕着冲突点纠缠，看不到任何解决问题的可能性。尽管父母无法控制孩子所说的内容，但如果能清楚地了解自己想在交谈中获得什么，就有助于找到解决方案并维持对话的正常进行。下面的练习可以帮助父母培养这方面的技能。

———————— **帮父母脱困**

你想从交谈中获得什么？

想象一个你需要与孩子进行但双方存在分歧的对话。对话的主题不宜沉重，但又要很重要。父母要考虑清楚自己的立场。例如，你想和儿子谈谈他把自己关在房间太久的问题。为什么这件事让你感到担心？也许你担心他会变得孤僻，也许不知道他在房间里做什么会让你感到不安。不管是什么原因，请在不加判断的前提下，考虑自己为什么会产生这样的想法，并在笔记本上记录下来。

明确了自己的立场，你希望接下来对话的结果是什么？仍以担心孩子在房间待得太久为例，你是希望他花更多的时间与家人待在一起，还是担心他因为情绪低落而封闭自己？两者都可以。"我很想和你一起度过更多的美好时光""我担心你可能会情绪低落"，这两句话都表达了你的担忧而不是要求，听起来就与"你不能把卧室门关起来"的感觉截然不同。

在交谈之前，请明确对话目标，并与孩子分享目标。这表明你正在努力以不同的方式与孩子建立联结。准备好了，你就可以开始对话了。如果发现自己在这个过程中手忙脚乱，就要引导自己回到对话目标上来。

父母应设定界限

对于被对立违抗性行为困扰的家庭，沟通常常缺少应有的界限，从而导致过程中大声争吵、使用攻击性的言语，甚至威胁对方。这些突破界限的行为通常会破坏有效沟通和解决问题的过程。设置适当的界限可能颇具挑战性，让家庭成员的观点达成一致也需要时间，但这些却是用心沟通的关键。

设定界限，先要确定界限的使用场合。例如，双方在争论中是否会有失礼行为？如果有，尊重就是需要设定的界限。怎么才能设定这个界限呢？也许父母需要努力在孩子的嗓门变大时控制住自己不提高嗓门，或继续保持有条理的陈述而不是骂孩子。例如，父母与其说"你的房间看起来像猪圈"，不如说"请整理一下你的房间"，这就是给予孩子尊重。

避免威胁是许多父母必须设定的另一个界限。现实中，父母和孩子互相威胁是很常见的现象。但威胁对于解决冲突没有任何作用，还会使冲突升级。父母不再经常用禁足或没收喜欢的东西来威胁孩子，与孩子之间的对话过程会变得灵活变通，争议也随之减少。

帮助孩子设定界限

有对立违抗性障碍的孩子需要清晰一致的界限。尽管他们最初可能会抵制界限，但最终会从界限提供的规律和稳定性中获益。孩子内心的混乱感可能会让他感到恐惧，而界限会给予他靠自己无法获得的秩序感。帮助孩子设定沟通中的界限对于管理他的对立违抗性障碍症状至关重要，设定界限的目的是帮助孩子明确他期望如何被对待，以及自己应该如何对待他人。

父母不妨从家中最常发生的破坏性行为入手，帮助孩子设定界限。在大多数情况下，父母可以把大喊大叫作为首要的攻克目标。首先，当孩子处于平静状态时，父母与孩子谈谈大喊大叫对自己的影响，并可以问问孩子，父母的大喊大叫又对他有什么影响；其次，双方共同约定家应为"无喧嚣"区；最后，商议一句话，当其中任何一方大喊大叫时，另一方可以说出这句话，例如："生气是可以的，但不能大喊大叫。"这样既承认了对方的情绪，也对双方公认的无法接受的行为设定了界限。当孩子再对父母大喊大叫时，父母就可以使用上述方法为孩子进行示范。如果父母发现自己对孩子大喊大叫，要认识到是自己冲破了界限，并向孩子道歉。当父母发现孩子设定了良好的界限并很好地保持时，请表扬孩子，这是加强用心沟通的重要一步。

非暴力沟通

非暴力沟通是一种更用心地与孩子沟通的方式，旨在增加对话双方的同情心、联结感和责任感。它的具体目标是帮助对话双方以合适和尊重的方式满足各自的需求。

对立违抗性行为以暴力沟通为特征，包括大喊大叫、辱骂、评判、指责和防御等语言暴力行为。暴力沟通使父母有效地解决问题或与孩子建立联结变得难上加难。当父母和孩子吵架时，父母会感觉自己在情感上疏远了孩子。这是因为暴力沟通让双方感到与彼此的联结是不安全的。

帮父母脱困

慈爱冥想

慈爱冥想旨在帮助父母增加对孩子的积极感受、关爱和同情心。你需要花 10 分钟完成该练习。

让自己保持舒适的状态，闭上眼睛，将注意力集中在呼吸上，用鼻子深深地吸气，用嘴慢慢地呼气。从头到脚放松身体，一次放松一个部位，如脸部、颈部、肩膀等。保持 2 分钟。

想想你生命中出现的爱你并让你感到快乐的人，如家人、朋友、导师。这个让你感到快乐的人目前是否在世并不重要。想象一下，他站在你的右边，向你散发着爱意，向你送去美好的祝福，做你坚定的守护者。请感受他的善良和悲悯。

现在想象一下，你的周围站满了深爱你的人（家人、孩子、朋友、导师等）。他们环绕着你，希望你健康、幸福、平安。请感受来自周围人的温暖和爱意。

继续关注站在你右边的人，将沐浴到的温暖和爱意传递给他们。他们和你一样，想要健康、幸福、平安。请在心中重复3遍：愿你健康，愿你幸福，愿你平安，愿你远离痛苦。

现在想象另一个你爱的人，这个人也许是你的孩子。像你一样，这个人也希望拥有一个健康、幸福、平安的生活。请给予他温暖的祝福，在脑海中重复3遍：愿你健康、幸福、平安。

接下来，想象一个你不是很熟悉，对其没有任何情感倾向的人。像你一样，这个人也希望拥有一个健康、幸福、平安的生活。向他表达你的美好祝福，在脑海中重复3遍：愿你如我所愿，健康、幸福、平安，远离痛苦。

最后，想象地球完整地出现在了你的眼前。请把温暖和爱意传递给地球上所有像你一样想要健康、幸福、平安的人们，在脑海中重复3遍：愿你们如我所愿，健康、幸福、平安。

再做几次深呼吸，然后睁开眼睛。现在你的感觉怎么样？每当你想找回对孩子的慈爱感觉时，就可以做这个练习。

下面，我们来看一个案例。一个名叫丹尼尔的年轻人，他会因被父母拒绝而感到非常崩溃。因此，每当他的父亲阿图罗预感到自己会拒绝丹尼尔的某个请求时，都会先把自己的情绪封闭起来。

阿图罗这样做是为了保护自己免受儿子的对立违抗性行为带来的强烈负面情绪的影响，却给他造成了一个长期的问题——他无法对丹尼尔的崩溃、失望感到同情。丹尼尔认为父亲的情绪封闭是不在乎他感受的表现，这让他的脾气变得更大。尽管父亲非常关心儿子，但两人的交流模式导致暴力和攻击性沟通不断地循环。经过大量的练习，阿图罗在与丹尼尔的艰难对话中努力保持情感上的开放。他很快就意识到，自己越是放松警惕，就越能表现出对儿子的共情。在短短几周的时间内，丹尼尔发脾气的频率和强度都明显降低了。

保护孩子的情绪安全

作为父母，我们最大的目标是让孩子免受伤害。当孩子与朋友外出时，父母会竭尽全力地保护孩子的人身安全，如给他戴好头盔、系上安全带，和他保持联系。父母重视孩子的人身安全，却往往忽视孩子的情绪安全。因为没有人教过父母要像重视身体健康一样重视情绪健康。那么，父母该如何学习保护孩子的情绪安全呢？答案是温柔、善解人意地与孩子交流。

　　彻底改变亲子关系听起来是一项艰巨的任务，但这不是一个不可能完成的任务，同时也是很有必要的一件事。在本章中，父母学习了一些沟通策略，目的是让自己在管理孩子行为问题时，不陷入混乱之中，不造成伤害。父母通过正念和自我照顾来调节自己强烈的情绪，有助于在面对孩子的情绪风暴时保持镇定。父母将自己糟糕的情绪处理得越好，就越有可能在孩子情绪调节出现问题时与孩子共情。通过共情，父母会向孩子表明自己理解并关心他的感受。

　　总之，父母要做出一些改变，不要让自己出现大喊大叫、辱骂、讽刺、指责和评判等行为。即使孩子出现这些行为，父母也不要做出同样的反应。父母应该用一种新的回应方式来为孩子做出正确的示范。

斟酌措辞

　　在日常生活中，人们在与亲人（如配偶、孩子）交谈时，往往表现得随意、轻松，不会过多地考虑措辞。一般来说，这是正常且合适的。但是，如果沟通出现问题，就需要考量语言的含义和影响了。

　　请对以下两句话进行思考："你能安静点吗？""可以请你小点声吗？"这两句话都是要求对方安静下来，哪一句听起来更有礼貌呢？尽管它们的含义相同，但第一句话听起来更像是要求，而第二句话更像是请求。再看一个例子："我讨厌你不尊重我！""我很沮丧，因为我感到不被尊重。"简单地改变几个词，给人的感觉就从责备变成了表达自己的感受。

父母如果能有目的性地斟酌与孩子交谈的语言，会收到良好的效果——父母与孩子建立了联结，拉近了双方之间的距离。与此同时，父母斟酌措辞还可以让孩子更好地理解做事的范围。例如，父母经常会说："你能打扫自己的房间吗？"当然，孩子能不能打扫他的房间是一回事，但愿不愿意做就是另外一回事了。父母可以用这样的方式来引导孩子："请在我们中午离开之前打扫你的房间。"时间、任务描述具体，减少信息混淆，避免逃避责任。与用心沟通的其他方面一样，学会斟酌措辞将帮助父母与孩子养成更积极的沟通习惯。

是时候将所学的用心沟通技巧付诸实践了！接下来的任务是与孩子进行一次充满尊重的对话。

行
动
起
来

练习尊重地对话

在开始对话之前，请做好以下准备：

- 决定对话内容，如"你正在看的电视节目""今天，你们过得怎么样"等。
- 选择两种沟通技巧（如积极倾听、协作对话或非暴力沟通）用在对话中，必须保证其中一种是倾听技巧。

- 选择一个孩子最愿意表达的时间和地点进行对话，可以在孩子放学回家的路上，也可以在家人共进晚餐时。

一旦准备好了，父母就可以与孩子正式开始这场充满尊重的对话了。对话中要注意以下几点：

- 通过邀请孩子分享他对主题的看法来开启对话。
- 在对话过程中，练习你所选择的两种沟通技巧。
- 在使用沟通技巧时，注意孩子的反应。例如，当父母积极倾听并对孩子所说的内容做出回应时，孩子会有什么反应呢？
- 因为使用了沟通技巧，本次对话与以往的对话相比，有什么不同？

如果因坏情绪或其他现实问题的影响，你和孩子之间的对话没有按照计划进行，没有关系，你总会找到另外的机会。建议每周进行几次这样的练习，同时总结每次对话的效果，找到最有效的技巧。

养育笔记

- 用心沟通是尊重的、有目的的和非暴力的沟通。
- 用心沟通可以帮助父母以健康的方式处理自己与孩子之间的冲突。
- 积极倾听和反思性倾听的技巧可以帮助父母成为"有效能的父母"。
- 改变沟通习惯是一项艰巨的任务，但值得父母为之付出努力。
- 遇到问题时，父母与孩子合作可以帮助父母找到问题的解决方案，同时合作也教会了孩子解决问题的技能。
- 学习非暴力沟通技巧可以帮助父母摆脱亲子关系困境。
- 斟酌对话措辞可以让父母与孩子的沟通变得更加顺畅。

ODD

第二部分

照顾孩子

ODD

第 5 章

找到对立违抗性障碍孩子的
问题所在

孩子为什么会这样

对立违抗性障碍孩子会经常表现出愤怒的、不可预测的、失控的行为。不少父母都曾经问自己：孩子为什么会这样？父母想要弄清楚原因，了解对立违抗性障碍的诊断依据是非常重要的。

美国精神医学学会编著的第五版《精神障碍诊断与统计手册DSM-5》（*Diagnostic and Statistical Manual of Mental Disorders: DSM-5*）定义了心理健康状况的标准。其中，对立违抗性障碍是以"愤怒或易怒的情绪模式、争论或违抗的行为或报复性"为特征的。让我们来看看这些特征在现实生活中是如何表现的。

愤怒或易怒的情绪模式。对立违抗性障碍孩子通常会很容易发怒或暴怒。他们的情绪会在瞬间改变，有时并没有明显的原因。他们很容易生气，并且怨恨的时间可能会比预期更长。

争论或违抗的行为。对立违抗性障碍孩子可能无缘无故就与同龄人、兄弟姐妹、父母和老师争论。他们似乎不理解权威人物的概念，表现得仿佛规则是自己可以随心选择是否遵守的。他们也可能会故意惹恼他人。当他们被发现行为不端或犯错时，即使是很小的错误，他们也不会承认是自己的责任。

报复性。报复性与恶意行为在对立违抗性障碍孩子身上很常见。他们策划的报复性行动既有无害行为也有危险行为。他们可能希望通过这些报复性行为发泄自己的愤怒。

对立违抗性障碍的诊断标准是，以上 3 种行为频繁且持久地出现在家里、学校，以及社交场合，至少持续 6 个月，对孩子及其周围的人产生重大影响。这些行为的出现不是因为孩子正处在某个发育阶段，也不是因为孩子在某一周过得不好。

生气、易怒、好争辩、违抗、报复，这些词都令父母无法与孩子共情。然而，共情恰恰是对立违抗性障碍孩子所需要的。父母不妨回忆自己争论或违抗的情景，通常都会觉得自己有充分的理由这么做。孩子表现出对立违抗性行为，不是因为喜欢这样做或这样做有助于解决问题，而是因为缺乏管理情绪的技能。在不知道自己如何才能以更合适的方式解决问题的情况下，他觉得自己别无选择，为此苦苦地挣扎着。

有对立违抗性障碍的孩子还没有掌握能让自己有不同表现的心理技能。因此，父母一个很重要的任务就是帮助孩子学习这些心理技能。

了解技能缺陷

技能缺陷是指孩子的情感、社交和认知（思维）能力未发育或不发达。这与成长发育相关，而与智力或品性无关。

人们很容易将拥有完成看似简单的任务所需的技能视为理所当然，如在餐厅点餐。其实，点餐这件事儿并非如人们想象中那么容易。点餐人必须能够确定自己的饥饿程度，能够阅读菜单、选择主菜等。同样，父母会很容易低估孩子每天需要掌握的技能的难度。对立违抗性障碍孩子通常在情绪调节、执行功能和社交技能等方面有缺陷或发育迟缓。让我们逐一分析这 3 个方面的问题。

情绪调节。这是一种以健康、有效的方式理解和管理情绪的能力。一个与之相关的概念是痛苦耐受力，即经受住痛苦和强烈情绪的能力。对立违抗性障碍孩子很难调节自己的强烈情绪。他们因为经常无法准确识别或表达自己的内在体验（内在的感觉、知觉、想法），所以无法清楚地表达需求，尤其是在面对压力的时候。他们在面对压力时所表现出的尖叫、哭泣、发脾气、违抗和攻击性行为都表明他们在情绪调节方面存在着缺陷。当难以识别和管理强烈的情绪时，他们会错误地使用这些行为来摆脱它们。在他们学会其他的应对方式之前，这些行为将会持续存在。

执行功能。 这是一个临床术语，是一种高级的认知过程，包含诸如集中注意力、做计划、自我控制、解决问题、预测后果以及从一种活动到另一种活动的思维转变。当对立违抗性障碍孩子被自己的感觉压得喘不过气的时候，这些思维过程就会被影响，因为承受了巨大压力的大脑不具备清晰思考的能力。前额叶皮层（负责执行功能的主要大脑区域）是人长到25岁左右才能完全发育的，而注意缺陷多动障碍（Attention Deficit and Hyperactivity Disorder，ADHD）等疾病会直接影响执行功能，使得这些复杂的技能变得更难获得。孩子在这方面的技能缺陷可能表现为刻板思维、冲动行为、对行为后果不加以考虑，以及难以从一项任务转换到另一项任务（如从课间休息到开始上英语课）。

社交技能。 这指的是人际交往的有效性，也就是与他人交往的能力，读懂社交线索的能力，遵循社会规范的能力，以及了解自己的行为影响他人的能力。社交技能对于人们结交和维持朋友关系、在工作中取得成功、建立亲密关系以及在社会中发挥价值至关重要。对立违抗性障碍孩子经常被人际关系所困扰，因为他们不具备同龄人的社交技能。社交互动让他们感到困惑，有时还会带来批评，他们甚至不明白为什么人们会对他们的行为做出负面的回应。

孩子在情绪调节、执行功能和社交技能方面的缺陷或发育迟缓听起来很可怕，但请振作起来，父母和孩子完全可以通过学习相应的技能来弥补这些差距。

孩子正在尽己所能

罗斯·格林（Ross W. Greene）博士在《暴脾气小孩》（*The Explosive Child*）① 一书中写道："如果孩子能做到，他们就会做得很好。"有对立违抗性障碍的孩子也是如此，即使是在他们感到最困难的时刻。他们之所以表现出对立违抗性行为，是因为他们不知道可以用更好的方式来满足自己的需求。

父母可以想象一下下面的情境会多么令人恼火：想做一些对自己

---

① 《暴脾气小孩》是罗斯·格林的代表作。他用大量生动的模拟情境再现孩子发脾气时的场景，教父母如何应对和处理各种暴脾气危机。该书中文简体字版已由湛庐引进，浙江人民出版社于 2014 年出版。——编者注

来说非常困难的事情，却经历了一次又一次的失败，有时甚至会遭受惩罚！而这些正是自己的孩子每天所经历的。因此，父母必须时刻提醒自己：我的孩子正在尽己所能。

对立违抗性障碍孩子的 3 个典型问题

一旦孩子拥有了应对挑战的技能，他们就不再需要使用爆发性的行为来应对了。下面，通过研究父母和孩子遇到的一些典型问题，归纳孩子需要学习和掌握的技能，让孩子真正受益。

问题 1：缺乏灵活性

灵活性是顺其自然、从一项任务切换到另一项任务的能力，或在事情没有按预期进行时，管理情绪的能力。当事情没有如愿进行，而我们努力适应意外状况时，就会出现缺乏灵活性的表现。对立违抗性障碍孩子长期缺乏灵活性。他们很难"随大流"，也很难对变化、失望、计划变更和不确定的预期所带来的需求进行管理。任何偏差都可能导致他们出现即时的、强烈的崩溃。

每个孩子的成长速度和节奏都是不同的，如有些孩子睡眠好，有些孩子吃的食物种类多。孩子的灵活性也是如此。尽管我们大多数人认为具有灵活性是件理所当然的事，但具有较好的灵活性实际上需要大量的认知和情感资源。如果父母知道孩子缺乏哪些技能，就可以找到策略来解决不灵活的问题了。

为了提高灵活性，对立违抗性障碍孩子必须学习的一项重要技能是识别并标记自己的情绪和想法。这项技能可以帮助他们了解所遇到的情境是如何对自己的情绪和想法产生影响的。了解自己的情绪和想法是学会识别触发因素的前提。如果孩子学会了识别自己的情绪和想法，他们就可以在情绪变得过于强烈而失控之前，让自己平静下来。

忍受痛苦、有效地调节不适感也是对立违抗性障碍孩子必备的一项技能。他们需要加强对不适的忍受能力，并增强自己恰当地表达愤怒、沮丧和悲伤的能力。

无论是成年人还是孩子都很难将注意力从一种类型的任务转移到另一种类型的任务，特别是新任务与之前的任务截然不同时。对立违抗性障碍孩子可以从学习管理自己的心理需求中获益，如学习如何从玩电子游戏转向做家庭作业。与之密切相关的技能是提前计划，这涉及对即将发生的事情进行系统思考的能力。

对立违抗性障碍孩子的另一个常见的技能缺陷是难以抑制冲动行为，这从根本上意味着他们需要学习自我控制。学会在行动之前暂停一下，约束自己的行为冲动，这可以让孩子在具有挑战性的情况下拥有更大的灵活性。他们还可以通过学习逐步解决问题的过程（包括识别问题、探索可能的解决方案、确定解决方案、践行解决方案）来抑制自己凭一时心血来潮行事。

另外，父母也需要实用的技能来解决问题，减少与孩子之间的冲突。这些技能还可以在情绪调节和执行功能方面给予孩子帮助。同时，请记住最好在孩子处于平静状态时让他们练习本部分中的技能，因为当孩子出现对立违抗性行为时，让他们学习新技能通常是无效的。

孩子的不灵活通常与其不受控制的情绪有关。如果孩子不知道用什么词汇来描述正在经历的事情，他们就有可能情绪爆发。为了帮助孩子恰当地表达自己的经历，父母要教会孩子口头标记自己的感受、想法和身体知觉（如"我感到担心""当我生气时，我的身体会感觉很热"）。此外，父母还可以教会孩子用 5 分制对感受的强度等级进行标注（5 分为感受最强烈），让他们学会在感受仍处于可控制的第一级或第二级时就寻求帮助。

帮助孩子学会以健康的方式表达自己的需求也可以减少冲突。父母可以通过大声说出孩子可能需要的帮助来鼓励孩子做到这一点。例如，如果孩子缠着正在忙碌的亲人或朋友，父母可以说："你现在是不是需要一些关注，但不知道如何获得？我可以帮助你吗？"

另一个有助于减少冲突的技能是父母明确地陈述孩子的行为对自己产生的影响。例如，"你在昨天的大型比赛后与我击掌，我感到非常高兴""当你说你讨厌我时，我感到非常受伤"。对立违抗性障碍孩子常常沉浸在自己的内心体验中，以至于他们一时无法理解其他人的感受。

不适感也是人们生活的一部分。因此，父母与对立违抗性障碍孩子一起努力的一个主要目标就是提高孩子的自我控制和忍受痛苦的能力。孩子在出现对立违抗性行为之前学会暂停一下，可以大大减少情绪爆发的频率、降低爆发的强度。父母在注意到孩子变得心烦意乱时，可以鼓励孩子做 2 分钟的深呼吸、捏捏压力球，或想象一个轻松的场景、图像，让孩子冷静下来。高强度的运动也是很有帮助的，有助于孩子释放紧张情绪。当然，这些技能需要孩子花时间来学习，所以父母要对此保持耐心。

此外，父母还可以帮助孩子为日常的变化提前做好准备。例如，"我们今天放学后要去商场，你可以在车上吃零食""你在写作业之前有 30 分钟的打电话时间。我会在结束前的 5 分钟提醒你"。在涉及日程变更或从一项任务转移到另一项任务时，父母的提前告知有助于减少孩子情绪过载的情况。

这些冲突的解决方案有助于增进家庭和谐，并为孩子茁壮成长提供了所需技能。这些技能是相辅相成的。建议孩子每隔几天尝试其中的一两项技能，注意不要一次性全部试完。这样做的目的是找到最适合孩子的技能。

帮孩子脱困 ────────

协作对话

协作对话的目的是提出一个对双方都有利的问题解决方案。协作对话不仅有助于为孩子示范问题的解决技巧、谈判技巧，以及尊重的对话模式，还可以让孩子感觉到自己的观点很重要。一般而言，孩子只需要表达自己的感受，即便最后未能如愿以偿也没有关系。以下是 12 岁的杰克与父亲进行的协作对话。

杰克：我讨厌你在晚上 9:00 关掉 Wi-Fi！这不公平！我不是小孩子了，你控制不了我！

父亲：我知道你不是小孩子了，也知道你认为这是不公平的，你对此感到愤怒。我还知道被控制的感觉很糟糕。

杰克：那么，你为什么一直这样做？

父亲：我知道你很生气，我也对你的其他想法持开放态度。你认为在保证充足睡眠的前提下，什么时间关闭 Wi-Fi 是合理的？

杰克：午夜 12:00。

父亲：你必须在早晨 6:00 点起床做练习。如果在午夜 12:00 关掉 Wi-Fi，你有足够的睡眠吗？

杰克：我不在乎睡没睡够！

父亲：嗯，可是没睡好怎么玩？

杰克：一堆废话。

父亲：好吧，可是对工作日而言，午夜 12:00 关掉 Wi-Fi 太晚了。周末午夜 12:00 关掉 Wi-Fi，周一到周五早点关掉 Wi-Fi，怎么样？

杰克：我想这个提议没有那么糟糕了。

父亲：我们试试吧。

问题 2：违抗权威

违抗权威人物是对立违抗性障碍的标志之一。这是一种外化性行为，也就是说这种行为是向外的，是针对他人和环境的。向咨询师求助的父母通常是由于孩子的违抗行为升级。对父母而言，孩子发脾气是一回事，冲老师大吼则完全是另一回事。

对立违抗性障碍孩子对权威人物的违抗有不同的表现形式。比较轻微的表现是孩子对权威人物的建议视而不见，极端的表现是孩子可能会攻击权威人物。许多父母错误地认为有对立违抗性障碍的孩子天生不尊重他人或爱争论，但通常情况并非如此。一般而言，违抗是一种强化模式，即经常重复的行为变成了习惯，是调节情绪困难、缺乏自控力所表现出的症状。像对立违抗性障碍的许多其他问题行为一样，孩子对权威人物的违抗只是一种应对压力和不适感的无效方式。

从许多方面来看，反抗是人类本性的一部分。当一个两岁的孩子被父亲告知不能吃饼干时，他会对他的父亲大喊大叫。他不明白父亲是因为快到晚餐时间了才坚持不让他吃饼干，只会认为父亲是不让他得到最想要东西的"障碍"。父亲应给孩子一些时间去接受这个事实，并对孩子进行耐心指导。父亲要始终坚持对这件事情的要求，这样才能让孩子学会即便要忍受失望、沮丧，也要听从父亲的指示。同样，有对立违抗性障碍的孩子也需要学习忍受失望、沮丧。但因为他们面临着更大的挑战，所以通常要比大多数的孩子晚学会这一点。

简单来讲，孩子需要学会以更有效的方式管理失望、沮丧等困难情绪。他们很难找到恰当的语言来表达自己的感受，发脾气的对象所产生的不愉快情绪和负面反馈也会反过来将他们"吞没"。他们也可能很难有足够的安全感来分享自己的感受，因此，他们会通过顶嘴或故意和父母对立来宣泄心中的感受。

有这样一个案例。一个 11 岁的男孩每天早上上学前都会勃然大怒。父母越是要求他快点做好上学准备，他就越是抗拒。这令他的父母感到极度苦恼。最后，男孩表示自己之所以讨厌在早上做上学准备，是因为他知道从准备好开始，要到晚上才能与父母相见。虽然他的违抗与想念父母的悲伤相关，但在他有足够的安全感，可以将自己脆弱的感受分享出来之前，父母并无法理解他的那些愤怒的行为。

对立违抗性障碍孩子需要在帮助下才能理解为什么不尊重成年人是不行的。社会要求孩子服从成年人，尤其是那些处于权威地位的成年人（父母、老师等）。虽然孩子可能永远不会赞同这样的权力分配，但是他们必须学会恰当地应对，因为这方面的能力将对他们当前和未来产生巨大的影响。有对立违抗性行为的成年人通常很难保住工作以及维持正常的人际关系，也很难不惹麻烦。

缺乏自控力也是孩子出现对立违抗性行为的一个重要原因。缺乏自控力的孩子在关键的执行功能方面存在困难，特别是无法做到冲动与抑制的平衡，控制不住自己，坚持要去做某件想做的事。他们很难控制自己的冲动，也很难预测自己的行为带来的后果。例如，9 岁的玛利亚因为老师没让她第一个出去休息而生气。因为她有一种无论如何都要离开座位走出去的冲动，所以她这样做了。玛利亚没有想过不离开座位也是一种选择，也没有考虑到不服从老师的后果。

孩子之所以出现对立违抗性行为，通常是因为他们很生气。愤怒之下通常还会隐藏着其他感受。父母和孩子谈论这些难过的感受，要让孩子明白这些感受是每个人都有的，还要告诉孩子包括不舒适在内的所有感受都是没问题的。这样做可以让孩子减少对负面情绪的污名化。共情有助于减少冲突。父母可以与孩子分享自己在儿童或青少年时期受挫的事情，让孩子知道父母不仅能理解他的感受，而且不会对他的感受进行改变或评判。父母对孩子的负面情绪的容忍度也将有助于提高孩子处理负面情绪的能力。

努力帮助孩子了解自己的感受、想法会影响孩子的行为。尽管所有的感受都是合理的，但并非所有的行为都是被允许的。人们无法控制每一种情况，但可以学会控制自己的行为。当孩子的不良情绪被触发时，请提醒孩子：不良情绪是被允许的，你比你想象的更强大，只要做出良好的行为选择就能影响所发生的事情。

违抗权威通常是一种冲动与抑制的问题，并非个体有意操控的。数数能帮助孩子减少冲动。对于年幼的孩子，试着让他们在行动前慢慢数到 10；对于年龄较大的孩子，让他们从 100 开始倒数，每隔 7 数一次。数数需要孩子集中注意力，可以帮助孩子从强烈的情绪中转移出来。如果数数对孩子比较难，可以让孩子双手握拳 5 秒钟，连续做 3 次之后，再进行下一步的行动。

接下来，父母可以试着使用这些新技能，但一次只能使用一两项技能，以免自己或孩子措手不及。同样，父母要在孩子处于平静状态时教授新技能，因为在孩子冲动时尝试教授新技能，对双方而言都会是无效且令人沮丧的。

———————————— **帮父母脱困**

自我照顾

现在，你正处于帮助孩子学习新技能最为焦灼的阶段，请务必照顾好自己。自我照顾是治疗孩子的一个重要组成部分。在日常使用的自我照顾工具中，哪种工具的效果最好？你不需要尝试很多不同类型的活动，只要有一两项有效的活动就可以了。

以下活动供你参考：

- 散步、跑步或骑自行车。
- 给好朋友打电话。
- 与配偶 / 伴侣约会。
- 好好休息。
- 吃一顿健康的饭菜。
- 做自己喜欢的事情，哪怕是"在网站上浏览动物幼崽的图片"这样的小事也可以。
- 告诉自己在过去的 48 小时内进展顺利的所有事情，即使只是"我在咖啡厅点的东西，服务员没有弄错"这样的小事。

- 展现自己的创造力，如写字、绘画、手工制作等。
- 听自己最喜欢的歌曲。

问题 3：情绪波动大

人们都会有喜怒无常、情绪波动的时候，但对立违抗性障碍孩子的表现远远超出了正常的范围，他们会从前一分钟的快乐瞬间转变为暴怒。正常的孩子容易兴奋，爱玩且无忧无虑，对立违抗性障碍孩子可能会长期处于易怒、悲观的情绪中，看上去像承担了与年龄不相符的负担。这是因为情绪波动是一种令人难以摆脱的压力状态。

当对立违抗性障碍孩子体验强烈的情绪时，他们无法有效地调节自己的情绪，无法让自己从低迷或高涨的情绪状态回到平静，出现了情绪失调。父母可以想象一下情绪失调的感受：当异常沮丧、激动的时候，当消极的想法、感受或图像在自己的体内肆虐、失控的时候，感受如何？如果每天都有这样的体验，甚至一天要体验好几次，感受又如何？情绪失调既让孩子感到筋疲力尽，又让孩子感到恐惧。因此，父母与孩子共情很重要，哪怕孩子正在以父母难以应对的方式行事。

孩子不可预测的情绪变化会使日常生活充满挑战，让许多父母每天都感觉如履薄冰。情绪的"过山车"也会影响每位家庭成员。对于所有家庭成员来说，这都是一个双输的局面。

为了克服情绪的多变性，孩子需要学习两项基本技能：情绪调节和自我安慰。

学习情绪调节会贯穿本书的始末，因为培养管理强烈情绪的能力是治疗对立违抗性障碍的基本目标。人们想要进行情绪调节，需要做些什么？需要意识到自己的感受对思想和行为的影响。因此，父母需要帮助孩子获得大量的词语储备，以及帮助孩子理解自己的感受。一旦孩子可以用词语（如快乐、愤怒、悲伤）描述自己的经历，就不再会被强烈的、无名的、可怕的感受所困扰。识别自己的感受是情绪调节的第一步。

自我安慰是一种当孩子心烦意乱时，让自己平静下来的能力，是儿童发育的基本组成部分。孩子是从自己的父母那里学会自我安慰的。在婴儿时期，每当孩子哭泣的时候，父母会给予照顾，如喂食、抚摸、换尿布。通过这些日常护理行为，父母教会了孩子自我安慰。童年是孩子学会这项技能的时期，但并非所有的孩子都能做得很好，有些孩子需要额外的支持才能学会在心烦意乱时有效地让自己平静下来。

对立违抗性障碍孩子在情绪高涨时很难做到自我安慰。因此，他们通常非常敏感，身上的"刺"就像自己的盔甲一样。对于这些高度敏感、有技能缺陷或在执行功能方面发育迟缓的孩子来说，自我安慰尤为困难。父母需要充当孩子的"脚手架"，直到孩子获得自我安慰的技能为止。

以下是一些可以帮助提高孩子情绪稳定性的技能。父母可以单独使用这些技能，也可以与前面介绍的技能一起使用。请记住，当孩子情绪爆发时，不要教授新技能。因为大脑在平静时，学习效果才最佳。

为了减少情绪波动，孩子必须首先能够识别、标记和评估自己的情绪强度。

接下来，要让孩子学会在不知所措时寻求帮助，这样可以提高他们稳定情绪的能力。有的时候，孩子仅仅向他人倾诉自己不知所措的感觉，就可以降低情绪强度。人们用"冻结"或"暂停"之类的暗号表示自己的情绪超负荷了。当孩子的情绪达到第三级（5 分制）的程度时，父母指导孩子进行情绪"冻结"，可以减少情绪爆发的可能性。在情绪"冻结"时，让孩子环顾四周，识别 3 种不同的颜色和 3 种不同的声音，然后触摸 3 样物品。这样做的同时，孩子可以考虑下一步的行动。

制作"冷静卡片"是练习情绪调节技能的一种有趣的方式。父母与孩子一起想出3～5项活动，如深呼吸、听喜欢的歌曲、站起来跳、抚摸宠物狗、休息一下等，让孩子在感到沮丧的时候进行这些活动。父母帮助孩子将这些活动内容制作成可以放在背包或钱包中的"冷静卡片"。事实证明，这些"冷静卡片"用到3～18岁的孩子甚至是成年人的身上，效果很好。

如今，市面上有许多有效的冥想和放松的应用程序，很多是免费的。例如，Breathe 应用程序可设置全天的深呼吸练习提醒，GoNoodle 应用程序非常适合年幼的孩子，Insight Timer 应用程序适用于青少年。

另一种帮助孩子减少强烈情绪的技巧是让孩子把一块冰从一只手传递到另一只手，直到冰块融化为止，或者直接将冰块放在手腕的脉搏处。感受寒冷可以帮助孩子回到当下，让他们从不愉快的体验之中脱离出来。当父母发现孩子的不良情绪可能被触发时，不妨试试这个技巧。

最后，自我照顾对孩子同样重要。父母可以帮孩子准备一些活动，如绘画、写日记、进行户外游戏、锻炼身体、与朋友共度时光，让孩子每天进行自我照顾。注意：看电视、玩电子游戏并不能作为自我照顾活动，因为它们会让孩子分神，不能感受当下。

以上所介绍的技能中，如果父母发现其中的一些技能效果不佳，也请不要灰心，因为技能并不是对所有人都适用。建议在放弃之前多尝试几次，给自己和孩子一个宽限期，因为学习新技能是很难的！

对问题行为进行分类

以下行动计划将帮助父母确定孩子常见的问题行为，以及这些问题通常在什么情况下出现。

首先，在笔记本上写下孩子的一些常见的问题行为，要尽可能描述得具体一些。例如，"上学迟到时，他会对我大吼大叫""离开公园时，他会发脾气"。其次，用本章中讨论的问题类别（缺乏灵活性、违抗权威和情绪波动大）对每个问题行为进行标记。最后，对每种问题行为进行评分，其中，1 分最轻微（如没有在第一时间去铺床），5 分最严重（如攻击成年人）。

从每个问题类别中选择一个行为（最多不超过 4 个），然后再具体说明这些行为，写下行为对象、发生了什么、发生时间、发生地点，以及发生原因。示例如下：

- 问题行为：顶嘴。
- 行为类别：违抗权威。
- 行为对象：家长（老师、教练）。
- 发生了什么：孩子在与成年人说话时，对成年人表现得不尊重，不遵从指示。

- 发生时间：当孩子接到指令或被告知需要做不想做的
  事情时。
- 发生地点：家（学校、足球场）。
- 发生原因：通常因为孩子感到疲倦或焦虑。

已经确定了这些问题行为的具体背景，就可以有效地针对它们帮孩子做出改变。在后面的第 6 ～ 8 章中，我们将进行进一步的讨论。

养育笔记

- 有对立违抗性障碍的孩子不是坏孩子。

- 尚未学会或不成熟的心理技能往往是孩子出现对立违抗性行为的原因。

- 对立违抗性障碍孩子正在尽己所能。

- 灵活性是顺其自然、从一项任务切换到另一项任务的能力，或在事情没有按预期进行时管理情绪的能力。对立违抗性障碍孩子要具备灵活性，这是尤其具有挑战性的事情。

- 对立违抗性行为经常发生是因为随着时间的推移，孩子已经知道这是一种有用的沟通方式。

- 情绪易变、发脾气、争论是孩子表达自己强烈情绪的方式。

- 在改善孩子的对立违抗性障碍的过程中，不要忘记照顾好自己！

第 6 章

应对对立违抗性障碍的
重要工具：ABC 改变法

什么是 ABC 改变法

第 5 章重点介绍了与对立违抗性障碍相关的技能缺失，以及缺乏灵活性、违抗权威和情绪波动大在对立违抗性障碍症状中所扮演的角色。我们已经了解了这些问题，现在来看看帮助孩子改善对立违抗性行为的重要工具——ABC 改变法。

ABC 改变法包括找到替代行为、设定边界和执行结果。本章的知识将贯穿之后的内容，因为它是减少问题行为所需的基本技能。

找到替代行为

你还记得罗斯·格林博士的观点吗？他说："如果孩子能做到，他们就会做得很好。"父母应对对立违抗性障碍，首先要理解孩子的行为。孩子其实并不想制造麻烦，只是不知道如何以不同的方式解决问题。于是，第一个工具——找到替代行为便派上了用场。

适应性的替代行为可以取代孩子当前的无益行为。父母要把替代行为看成更好的选择。例如，如果每次限制孩子看电视，孩子都会大喊大叫，那么，父母就要为孩子找到一种合适的替代行为来代替孩子大喊大叫的反应。

孩子的问题行为是他们的应对方法，虽然这些方法是无效的。父母不应该只剥夺或惩罚他们当前的应对方法，而不为他们提供更具适应性的新策略。因为患有对立违抗性障碍的孩子通常很难打破自己的行为惯性，所以父母的任务是帮助孩子认识到可以有更好的选择来管理自己的情绪、满足自己的需求。

我们来看一个案例。9岁的埃姆总是在睡前变得非常焦躁不安。每天晚上，父母都要花整整一个小时来强迫埃姆做睡眠准备。原来，埃姆非常怕黑，入睡准备让她感到很焦虑，因为做完入睡准备后，她就要独自一人待在黑暗的卧室里了。后来，父母教埃姆做深呼吸，进行想象放松的训练，帮助她获得了有效管理情绪的新技能。这样，埃姆独立上床睡觉就变得容易了，她也因为掌握了新技能而感到更加自信。

设定边界

边界是一种限制，意味着建立规则感、安全感和一致性。因为边界明确了行为的规则，所以在下文的论述中，将交替出现边界、规则和期待这 3 个词。"你可以出去和朋友聚会，但是不能夜不归宿""你可以有不同意见，但是不能大喊大叫"……这些都明确了边界。适当的边界会让孩子在自己的环境中感到安全且安心，这也是为什么有对立违抗性障碍的孩子可能在学校表现得比较好，在家里却频繁地做出对抗性行为。

设立边界可能很有挑战性，因为除了基本的礼仪之外，大多数家庭所遵循的规则和期待都会随时间而变化。而对立违抗性障碍孩子对权威的蔑视会挑战这种松散的规则。

不少家庭常会陷入边界过于严格、过于宽松或前后不一致的困境。这 3 种边界都有相应的问题。

边界过于严格指父母不允许孩子犯错或没有商量余地，也很少考虑孩子的想法或需求。例如，父母期望孩子考试都能得 A，要求孩子在周末早上也要 6:00 起床。

边界过于宽松指父母给了孩子更多的自由，然而这些自由并不是孩子有能力掌控好的。例如，父母允许孩子夜不归宿，或对孩子在学校的表现毫无要求。

边界前后不一致指父母不能有规律地执行规则，这会引起孩子的焦虑和反抗。例如，因为不做作业而被没收了游戏机，孩子可能会不停地抱怨，直到父母把游戏机还给他为止。在这个父母妥协的过程中，孩子学会了如何成功地绕过规则。对有对立违抗性障碍的孩子来说，边界不一致尤其具有挑战性。他们需要设定适当的、一致的和坚定的边界，才能知道接下来会发生什么，以及他人对自己有哪些期待。

建立适当的边界有助于建立家中的秩序感。父母设置了合理的规则，并且尊重这些边界，就能够引导孩子的行为。例如，一位叫迈克尔的单身父亲用心良苦地为他的儿子德鲁制定了规则。但这些规则太过严格，导致德鲁频频抗议。规则也很繁杂，这使得身兼数职的迈克尔很难与儿子一起坚持执行下去。这让迈克尔觉得自己像个失败者，也让德鲁觉得自己被人控制了。

为了改变现状，迈克尔和德鲁一起设定了更加灵活、更易实现的边界。几周以后，迈克尔管教儿子的行为也开始变得有原则，因此对育儿更加自信；德鲁感到更加快乐了，因为他的父亲尊重了他的边界，不再反复无常了。

执行结果

结果是帮助孩子理解自己的选择所带来的后果的重要手段。有对立违抗性障碍的孩子通常很难预测自己的行为带来的结果。执行结果有助于塑造孩子的良好行为。

结果指的是行为的任何结果，包括正面的、中性的、负面的结果。除此之外，结果还可以分为自然结果和逻辑结果。自然结果是自行发生的、没有成年人干预的结果。如果孩子忘记吃午饭，自然结果就是他们会感到饥饿。逻辑结果是经成年人干预的结果，通常更具惩罚性。例如，如果孩子不打扫自己的房间，父母可能会不允许孩子找朋友玩耍。一般来说，让孩子体验自然结果会有更好的效果，因为它可以教会孩子理解因果关系。

本书帮助父母制订的计划包括何时及如何执行结果。请注意：计划还应包括正面的结果，即强化（奖励）有益的行为。例如，如果父母发现孩子非常专注地写家庭作业，可以表扬孩子的努力。虽然惩罚经常是父母在压力下的第一反应，但是正面的结果比负面的结果更能塑造孩子的行为。当然，有时候惩罚也是一种必要的结果，因此父母还要学习如何恰当地执行负面的结果。知道了 ABC 改变法，接下来，父母就可以开始帮助孩子获得所需的技能，从而让孩子更有效地控制对立违抗性行为。

积极的结果：正强化的力量

我们已经了解了不同类型的结果，接下来将探讨如何将它们运用在孩子身上。本书使用的主要结果工具是正强化，这是一种激励孩子做出期望的改变，帮助孩子塑造良好行为的工具。例如，如果父母希望用正强化培养孩子良好的饮食习惯，可以在孩子好好地吃完晚餐后，额外奖励孩子 5 分钟的睡前亲密时间。这样，孩子可能会更愿意好好吃饭，因为他希望有更多的时间和父母待在一起。

有些父母经常说："正强化像是在奖励孩子本该做的事情。"对成年人来说，正强化也一直在起作用。为什么大多数人会每天早起去上班？因为金钱是一种强大的动力！但在此，不建议父母奖励孩子金钱。如何帮助孩子培养更多的生活技能？关键的一点是父母要了解能激励孩子的因素。

正强化有许多种，其中比较好的做法是用赞美、鼓励和体验来代替玩具或食物。最重要的是，正强化要有一致性。当孩子表现出父母期望的有益行为时，父母应马上给予正强化。例如，父母准备洗碗时，突然注意到孩子正在洗盘子，父母要立刻表扬孩子："你做得很好！"其实，父母培养孩子的好行为是有难度的。因此，即使孩子没有完整地完成任务，父母也要承认孩子的努力。如孩子清洗了盘子却没有清洗叉子，但与以往相比，孩子是有进步的。此时，父母应给予鼓励。

随着时间的推移，这些点滴的进步会让孩子发生巨大的变化。

实践中的强化

在攻读研究生期间，我在一个强化项目（主要面向有严重行为问题的孩子）中完成了为期一年的临床培训。临床工作人员使用的方法是赞扬和鼓励这些孩子的恰当行为，并且为他们提供指导、制定规则和教授技能。经过一年的时间，许多孩子发生了令人惊讶的变化。当然，绝大多数的变化都是正强化的结果。

在这些孩子中，一个来自问题家庭的小男孩有严重的行为问题，面临被学校开除的危险，对未来感到无望。可悲的是，他已经习惯了成年人用惩罚和责骂的方式与他相处。但是，不久之后，我在他身上看到了一些变化。在此期间，临床工作人员只做了一些很简单的事情，如在小男孩第一次听从指示时给予表扬。其实，小男孩更喜欢因为表现好而被人注意，而不是因为问题行为而受到关注。他是能够以更健康的方式与外界相处的。虽然正强化不是小男孩取得显著进步的唯一原因，但确实发挥了关键作用。

不要惩罚，要消退

如果想要减少惩罚，父母应该采取什么替代做法呢？消退（或忽略）是一种非常有效的策略。例如，如果孩子在商店哭闹着要买新玩具，父母与其责骂孩子，不如干脆不理会。责骂会在不经意间让哭闹的行为得到关注，但如果父母对孩子的哭闹行为不予理睬，孩子就会慢慢认识到这种方式不能让他得到想要的。这样做有点难！但消退与正强化相结合就会形成一个非常强大的工具。

为什么要将消退与正强化相结合？就像惩罚一样，消退并不是塑造行为的最佳方法，因为它不能引导孩子做出更恰当的行为反应。例如，如果孩子抱怨父母很少允许自己和同学出去玩，父母可以忽略孩子的抱怨；如果孩子礼貌地向父母询问，父母可以告诉孩子这次的沟通方式很成熟，即给予正强化，甚至可以把允许孩子和同学出去玩作为奖励。这样，孩子在下次想与同学相约之时，可能会记得"询问比抱怨"更加有效。这就是一种将消退与正强化相结合的有效方法。

许多父母形成了这样一种观念：惩罚是必要的，有些时候不得不使用惩罚的手段。然而，对于绝大多数对立违抗性障碍孩子来说，惩罚是非常无效的。这些孩子难以服从权威，所以当父母试图通过惩罚让他们顺从时，他们总是反抗父母。这导致了一个恶性循环——随着惩罚力度的增加，孩子的反抗情绪也在加剧。加里·拉维纳（Gary LaVigna）和安妮·唐纳伦（Anne Donnellan）在《惩罚的替代品》（*Alternatives to Punishment*）一书中写道："正强化比惩罚更加有效，原因在于惩罚往往增加了孩子和父母的负面情绪。"想想看，自己上一次被权威人士惩罚时，是不是感觉非常糟糕？

惩罚所带来的另一个问题是它只告诉了这些孩子什么行为不应该做，并没有教会他们什么行为应该做。对立违抗性障碍孩子的技能有所缺失，因此，他们应对对立违抗性障碍的关键是要学会新的技能。例如，如果孩子跟父母顶嘴，父母没收了孩子最喜欢的玩具，这或许可以教会孩子不要顶嘴，但是效果不会持续很久，因为这不是孩子真正需要学习的内容。相应地，孩子需要学会更好地管理自己的挫折情绪，并且以尊重的方式与他人对话。

请注意，当第一次使用消退策略时，可能会出现一种"消退爆发"的现象。本质上，这只是问题行为的暂时增加，因为孩子正试图弄清楚如何让父母做出让步。这可能会导致许多父母放弃消退策略，并宣称"消退是我用过的最糟糕的工具"！在此，我强烈建议父母找到让自己冷静的方法，坚持使用消退策略。父母只要不让步，保持一致，就能发现消退策略的有效之处。

有效的消退

下面通过一个具体案例来说明如何使用消退策略。每当自己的意愿没有得到满足时，贾斯明都会大发脾气，难以自控。父母为了避免贾斯明发脾气，往往选择让步。后来，父母开始实施消退策略，在贾斯明发脾气时，会对她说："当你准备好平静地跟我说话时，我会认真地倾听。"如果贾斯明坚持发脾气，父母会平静地重复这句话，不采取其他行动。当贾斯明开始做出适当的回应时，父母会马上赞扬她、关注她。

起初，习惯了随心所欲的贾斯明坚持采用发脾气的沟通方式，有时能与父母僵持一个多小时。这让父母感到非常疲惫，但父母依然选择坚持消退策略。尽管贾斯明仍发过几次脾气，但在不到 3 个星期的时间里，情绪爆发的强度降低了，持续时间也缩短了。最终，贾斯明厌倦了这个过程，开始平静地提出要求。贾斯明说，她不想听到父母一遍又一遍地重复同样的话。这个案例说明，虽然父母和孩子需要时间来适应这个过程，但消退策略确实可以奇迹般地改变孩子的不良习惯。

帮孩子脱困

消退和正强化

下面是一位爸爸和他 10 岁孩子关于倒垃圾的对话，其中使用了消退和正强化。

爸爸：该倒垃圾了。

孩子：（开始哭，大声说话）不！你去做！我不想做！

爸爸：你那么大声说话，我听不懂你在说什么。当你轻声说话时，我会认真地听你说。

孩子：（哭喊着）那太愚蠢了！我是不会去倒垃圾的！

爸爸：（忽略这种行为）……

孩子：我不要干这个！这不是我的垃圾！

爸爸：（忽略该行为）……

孩子：（开始取垃圾袋）这太傻了！为什么我要做所有的工作？

爸爸：我知道你很生气，我很感谢你的帮助。

孩子：（声音平静了，眼中仍然含泪）这太不公平了！

爸爸：我听到了。虽然你觉得这样不公平，但你还是帮了忙。谢谢你。

在这次对话中，爸爸的态度非常坚定，全程保持冷静。当孩子改变了他的行为时，爸爸通过表扬和肯定来强化孩子的行为。像学习其他技能一样，父母需要进行一些练习，才能合理、有效地使用消退和正强化策略。

替代行为：教孩子如何做

很多父母都会列出孩子问题行为的详细清单，这些问题行为包括尖叫、辱骂、对抗、扔东西、殴打、跟老师顶嘴等。父母希望这些问题行为都消失，希望孩子不要再做这些事情。确实，这些问题行为会给家庭和学校造成严重的影响。不过，除非父母能够为孩子找到合适的替代行为，否则无法根除这些问题行为。

当涉及行为改变时，不能只消除问题行为，而不增加替代行为。例如，父母不能期望孩子不经过学习，就能直接从依赖尿布变成自主如厕。即使父母已经教过孩子，但在孩子真正学会如厕之前，父母可能还会觉得孩子在自主如厕时会出一些岔子。因此，父母要引导和帮助孩子进行自主如厕练习，直到他真正掌握这项技能。同样，父母也不能期望孩子仅因为几句教导就停止对立违抗性行为。父母需要弄清楚自己希望孩子用哪些行为代替对立违抗性行为。

只说"不"是不够的

作为父母，你可能会有这样的成长经历：小时候，当你向父母提出异议时，父母总是给出"标准"的回答："我说不，这就是原因""因为我说是就是"。这样的回答或许对你和你的兄弟姐妹有效，但毋庸置疑，对你的孩子不仅不起作用，还会触发孩子的对立违抗性行为。对立违抗性障碍孩子越是感到自己被控制，他的反抗就会越强烈。

对立违抗性障碍孩子的情绪一旦被触发，就很难做出适当的行为。父母只对问题行为说"不"，而不提供替代行为会阻碍问题的解决，并让孩子深陷于负面的想法和情绪之中。父母为孩子提供替代行为可以让其获得新的技能，并有效地控制强烈情绪。

请注意，我们并非要鼓励孩子的"坏"行为。父母常常有这样的误区：认为惩罚是管教孩子的唯一方法，否则孩子就会胡作非为。即便有严格的规定和严厉的惩罚，对立违抗性障碍孩子的问题行为还是会对家庭造成严重的破坏。父母以更加严格的惩罚措施回应孩子的对立违抗性行为，只会加剧孩子的反抗。本书的目标就是停止这种有害、有损、无效的恶性循环，用有效的习惯取而代之。

"管教"（discipline）一词通常和惩罚联系在一起。事实上，这个词起源于拉丁语的"纪律"（disciplina），意为"指导"或"知识"。父母在努力帮助孩子控制对立违抗性行为时，能否换一个思路呢？将管教视为对孩子的一种指导，或教孩子学会新的技能。父母如果能够如此做，相信就会获得更好的效果。

有效的替代行为

父母为孩子提供有效的替代行为会取得不错的效果。例如，托拜厄斯有非常严重的问题行为，攻击性强、好争辩，以至于在学校经常会引起同学们的骚动。因为他抗拒上学，学校不得不让他在家里完成学习。此外，托拜厄斯时常辱骂兄弟姐妹，并且表现出强烈的愤怒和焦虑情绪。

托拜厄斯的问题行为让家人压力重重，父母对此感到精疲力竭，只好制定许多复杂的规则和惩罚措施来强迫托拜厄斯服从。但是规则和惩罚越是严格，托拜厄斯的反抗越是强烈。父母惩罚托拜厄斯的一个原因是他总是频繁地抱怨。几次治疗后，我劝托拜厄斯的父母放弃惩罚的想法，并问他们希望托拜厄斯做什么，他们说希望托拜厄斯能以更有效的方式来表达自己的不满。

我们讨论了可能的替代行为。最终，父母鼓励托拜厄斯表达他想要什么，而不是不想要什么。每当托拜厄斯不再抱怨，并且用自主性的方式沟通时，父母都会给他鼓励（正强化）。在短短的几周时间内，托拜厄斯的抱怨越来越少。对此，父母感到非常惊讶，原来不需要惩罚就能够实现目标。这成功迈出了培养孩子良好行为习惯的第一步。

帮孩子脱困

用游戏练习正强化

这个训练可以让你在和孩子一起参加有趣的活动时练习正强化。孩子能够全程顺利地参加活动，练习正强化就会更容易。所以，你要尽量选择孩子感兴趣的活动。在此，建议选择棋盘游戏、接球游戏、烹饪等，不要选择涉及电视或电子游戏的活动。此外，你要确保自己全神贯注地参与当前活动，不要同时工作或处理其他事务。

在活动中，你要敏锐地发现孩子什么时候表现出了你期待的行为，然后给予鼓励或表扬。这将有助于塑造孩子的良好行为，并让孩子知道你希望他做什么。记住，你的鼓励或表扬应该是真诚的。例如，在玩棋盘游戏时，孩子表现得非常专注，你可以说："你看起来真的很专注。"你和孩子一起烹饪，你可以说："我注意到你非常认真！"请观察孩子对你的鼓励或表扬有何反应，并看看你能在他的身上捕捉几次这样的出色时刻。

活动结束后，你要和孩子互相交流对活动的看法。这一步将帮助你通过塑造积极行为与孩子建立联系。

设定和维持边界：给孩子安全感

父母已经理解了如何利用结果和找到替代行为，接下来就要关注怎样设定适当的边界了。结果和替代行为在边界的设定中起着关键作用。边界明确了行为的规则和对行为的期待。对立违抗性障碍孩子很难守住边界，这并不是因为他们好斗或有坏心眼，而是因为他们没有掌握合适的技能来适应社交场合。

与寻找替代行为一样，父母在设立边界时最重要的是弄清楚想要什么，而不是不想要什么。如果父母想减少孩子发脾气、哭叫吵闹的行为，好的边界是"我们跟其他人说话时要尊重他人，有礼貌""希望我们都能用平静的声音说话"。为彼此设定明确且合理的期待，这对孩子至关重要，对所有家庭成员也非常重要。

设定边界很容易，坚持执行却很困难。孩子倾向于突破边界，这是孩子在成长过程中出现的正常现象。因为他们想知道这些规则有多么重要，哪些规则是自己要真正遵守的，哪些规则是父母会放任不管的。而对立违抗性障碍孩子经常打破边界，是因为他们受自己强烈的情绪所影响，以至于无视一切。

维持家庭设定的边界是需要父母长期坚持的一项工作。只有父母坚持，边界才会有效。如果父母不能坚持，不能保持规则的一致性，孩子便会认为越坚持反抗、攻击或抱怨，父母就越可能宽容。这不仅不会改变问题行为，甚至还会让这些问题行为升级。所有的孩子都会如此，更不要提原本就讨厌权威、喜欢挑战权威的对立违抗性障碍孩子了。孩子会考验父母设定的，甚至他们自己设定的每一个边界。因为改变是很难的，所以他们试图让父母回到过去的行事方式。

维持边界需要用到本书第一部分讨论的自我照顾技能。父母需要管理自己的不良情绪触发因素，并且给予自己和孩子更多的关怀。父母如果发现维持边界很艰难，不妨先花点时间照顾好自己。照顾好自己能给予父母保持坚定的力量。此外，父母还要给自己多一些宽容，毕竟这些经历对自己来说都是崭新的，犯错误在所难免。我们的目标不是要做到完美，而是要保持一致。

一起设定规则

孩子喜欢参与设定规则。父母与孩子一起设定新的边界，是一个让孩子在新规则上"签字"的好办法，而且还可以给孩子一种投入其中的参与感。孩子肯定会不喜欢一些规则，这没有关系。例如，孩子不喜欢周末做家务，也很讨厌在玩电子产品时受到父母的限制，这都是家庭生活里很正常的事情。父母要向孩子敞开心扉，倾听孩子对这些规则的想法、感受。通常来说，孩子只是想要被父母理解而已。

在有商量余地的问题上，父母可以邀请孩子提出建议。例如，如果孩子提出想要晚一点睡觉，父母可以了解孩子想晚睡的原因，与孩子商量一个让双方都满意的计划。只要孩子第二天能按时起床，父母也可以允许孩子晚睡 30 分钟。如果孩子不能信守承诺，双方就应该重新评估晚睡的建议是否合适。总之，设定边界不是为了获得更多的控制权，而是为了营造更加和谐、安全和尊重的关系。父母与孩子的合作有助于实现这个目的。

设定适当的边界

边界是一个含义宽泛的词语，不易于人们理解。因此，我提供了下面一些案例，帮助父母思考在家庭中什么才是适当的边界：

- 乔斯不愿意做家务，父母的期待是一旦乔斯完成了日常家务，就可以看一会儿电视。
- 16 岁的瑞安希望她的宵禁时间延长到午夜。瑞安的新边界是，如果她参加的是有组织的活动，就可以待到午夜再回家。
- 8 岁的诺亚讨厌吃蔬菜，喜欢吃甜点。诺亚的新边界是，如果他在晚餐时吃了足够多的蔬菜，就可以吃一些甜点。
- 在商店里，如果父母不给阿马娅买玩具，她就会发脾气、顶嘴。阿马娅的新边界是，只要她在商店没有发脾气，父母就会给她一张积分券，她可以把积分券存起来，有足够的积分券就能换取约定的奖励。
- 玛丽经常捉弄她的妹妹。父母给她设定了新边界：和妹妹善待彼此。因此，每当发现玛丽对妹妹很友好，父母就会马上肯定她的行为。

在家庭中设定和维持边界，父母要与孩子合作，才会取得更好的效果。

强化积极的行为

行
动
起
来

接下来，父母的任务是对孩子的一些积极行为进行强化。这项任务的目的是发现孩子的良好表现！下面是完成这项任务的计划，一共分为 3 步：

1. 父母列出希望孩子做到的两种期望行为，可以是针对第 5 章行动计划中发现的问题行为的期望行为，也可以提出新的期望行为。父母对期望行为的描述要具体。例如，"控制你的情绪，请不要乱扔东西""在第一次提醒的时候，你就要开始做作业了"……当然，请孩子发表意见，说说他想要做出哪些改变也可以。

2. 孩子做出期望的行为，要受到表扬。例如，孩子在被要求开始做作业的时候很快拿出了作业本，父母可以称赞孩子完成得很好，真心诚意地给孩子鼓励。

3. 当一周结束时，父母要回顾孩子的期望行为是否随着正强化而有所改变。如果没有改变，请留意孩子是否正在尝试改变。有时，孩子不具备按期完成任务的技能，需要父母的鼓励才能继续努力地尝试。

养育笔记

- 找到替代行为、设定边界和执行结果，是应对对立违抗性障碍的有效工具。

- 替代行为是孩子可以尝试的新行为和技能，用来代替无效的旧行为和技能。

- 边界是对行为的限制和期待。

- 结果是个体行为的后果（包括正面的、负面的、中性的），与惩罚有所不同。

- 惩罚往往弊大于利，并且不能使孩子获得新技能。

- 用消退的策略忽略不想要的行为，并且为期望行为施加正强化。

- 正强化是帮助孩子改善行为的一种有效方法。

- 父母要弄清楚，希望孩子做什么，这比不希望孩子做什么更有帮助。

ODD

第 7 章

练习 ABC 改变法

第 6 章提供了改善孩子对立违抗性障碍症状的重要工具——ABC 改变法。ABC 改变法即找到替代行为、设定边界和执行结果。在开始学习案例和做相应的练习之前，我们快速复习一下 ABC 改变法的内容。

找到替代行为。这是指有益的技能和行为，可以被对立违抗性障碍孩子用来代替无效的技能和行为。因为对立违抗性障碍孩子解决问题的能力有限，不知道什么是适当的行为，所以父母要为孩子提供替代行为。例如，泽维尔很难控制愤怒情绪，一发脾气就向家人和同伴扔玩具。于是，他的父母在他愤怒时为他提供了替代行为，如他可以向墙扔泡沫球。这个替代行为帮助他转移了发泄愤怒的对象，同时也让他更合理地表达了愤怒情绪。当他能够更好地控制自己的情绪时，父母再对替代行为进行修改。很快，他学会了在愤怒情绪超出一定限度时，先休息 5 分钟。替代行为可以为孩子带来新的技能和选择，从而帮助其做出有益行为。

　　设定边界。这是指限制和规则。对立违抗性障碍孩子通常会非常抗拒边界。但因他们的技能有所缺失，他们反而比其他孩子更需要边界。边界让孩子知道自己应该如何对待别人，以及别人应如何对待自己。如果家庭几乎不设立边界会怎么样呢？一位父亲从小在一个专制、苛刻的家庭中长大，因为他不想重蹈父母的覆辙，所以没有为自己的女儿朱莉设定边界。朱莉变得越来越叛逆和爱争辩，但这位父亲并没有意识到这是缺乏家庭规则造成的。朱莉认为自己需要对自己负责，因为她的父母似乎并不对她负责。之后，通过学习和练习，这位父亲开始设定家庭边界。尽管朱莉一开始有所反抗，但最终她开始尊重家庭边界，她的焦虑和反抗情绪也随之缓解。通常孩子很难预测自己的行为结果，对立违抗性障碍孩子尤其如此。清晰一致的边界可以帮助孩子认识行为与结果之间的关系，从而有助于改变他们的行为。

　　执行结果。这是指行为的后果，包括正面的、中性的、负面的结果。父母可以用结果来引导孩子做出有益的行为。正强化是本书中最常用的结果工具。研究表明，在塑造行为方面，正强化比惩罚更有效。某父母对 3 岁的儿子使用了正强化，他们惊讶地发现：当孩子有机会获得奖励时，他能独立做好很多事情。正强化可以帮助孩子增强自信心，提高内驱力，从而提升孩子把事情做好的能力。

　　我们已经回顾了一遍 ABC 改变法，接下来我们一起看看如何将其运用到实践中。父母为孩子做出的改变应该是积极的，同时也可能充满困难。父母如果在实践过程中感到费力也不要放弃，这都是正常的现象。

在本章中，我们将使用 3 步改变法来制订治疗计划，致力于解决对立违抗性障碍的 3 大问题：情绪波动大、缺乏灵活性和违抗权威。请记住，不要一次性实施太多的改变计划，建议每一两周针对一个问题进行训练，因为如果改变计划推进得过快，会导致挫折和失败。

结果工具，帮孩子做出良好的选择

父母如何才能对孩子有效地使用结果工具呢？请阅读下面的内容，寻找答案。

必要时再惩罚

虽然惩罚不如正强化有效，但它在某些情况下对于塑造孩子的适当行为也是必要的。这些情况包括孩子的行为造成了安全问题，或他们故意违反规定而不承担责任。例如，孩子在学校有意伤害了其他孩子，并为自己的行为辩解而不愿承担责任，这就需要接受惩罚。父母在惩罚孩子时，不能期望用攻击的方式来让孩子减少攻击性，请保持平静、坚决和一致，避免体罚孩子。

有效地运用正强化

孩子的哪些行为最需要被关注呢？先从安全问题开始吧！例如，孩子骑滑板车时不喜欢戴头盔，父母威胁要没收滑板车（这是一种惩罚），但收效甚微。父母将骑滑板车作为孩子戴头盔的奖励，换了一种说法："如果你戴了头盔，就可以骑滑板车。"事实证明，这样做效果很好，不是因为孩子听话，而是因为孩子喜欢骑滑板车，戴头盔能让他得到期待的东西。

父母抱怨最多的问题就是孩子经常使用电子产品（如玩手机、玩电脑、看电视等）。孩子总是想要多玩、多看一会儿，而父母则认为孩子已经玩得、看得时间够长了。如果父母把使用电子产品作为一种对孩子适当行为的奖励（不是作为一种惩罚，用拿走电子产品来威胁孩子），那么，孩子就会为了获得更长使用电子产品的时间，做出更多的适当行为。父母想让孩子一放学就开始做作业，可以在孩子完成作业后，奖励 5 分钟使用电子产品的时间。这样，父母就和孩子处在了同一个"阵营"，不再是挡在孩子和他的电子设备宝贝之间的"敌人"了。

情绪波动大的案例

对立违抗性障碍孩子的情绪不稳定，会瞬间从平静变成暴怒。这与孩子的情绪调节技能不足有关。父母可以使用结果工具来帮助孩子以健康的方式管理自己的情绪波动。

在临床培训期间，我参加过一个到儿童家里提供治疗的项目。这些儿童之所以需要接受这些细致的服务，是因为他们有着极端的问题行为。这些问题行为导致这些儿童在与家人、同学相处时，存在着严重的障碍。其中，一名叫阿南德的儿童，他的暴力情绪发作日益增多。因为阿南德威胁父母，警察已经去他家里好几次了。

为了控制阿南德的行为，父母变得非常严厉，常常惩罚阿南德。但是，阿南德受到的惩罚越多，他就越生气，他的问题行为也随之不断升级。阿南德不害怕权威，这导致身边的大多数成年人都认为他不尊重他们。经过几次治疗，我看出阿南德其实很尊重父母、老师等成年人，只是他不知道如何处理自己犯错时产生的被拒绝、羞耻和悲伤的情绪。

父母和我一起帮助阿南德，无论是因为参加游戏活动感到兴奋，还是因为被最后一个选中当足球球员而愤怒，我们都力求让他能以一种健康的方式表达自己的感受。每当阿南德恰当地表达自己的感受时，他都会受到表扬和鼓励。父母为他建立了一个积分制度：觉察到自己的情绪得 2 分，在发脾气之前克制住自己的情绪得 5 分；积分与奖励挂钩（如奖励阿南德与父亲玩游戏）。几个月后，阿南德学会了更恰当地管理自己情绪的技能。这不是通过惩罚达到目的的，而是通过精心培养替代行为让他获得了所需技能。

在情感反应方面，孩子需要提高哪些技能？思考一下哪些表扬或鼓励的方法可以给予孩子正强化？记住：改变需要从量变到质变。

行动步骤 1：学会恰当地表达愤怒

行动步骤 1 致力于减少孩子的情绪波动。请利用笔记本或日历，完成以下任务：

1. 确定目标行为。父母要清楚孩子最难控制哪些方面的情绪，并尽可能具体地描述出来。例如，"被要求做家务时，孩子会大发脾气"。接下来，父母还要清楚自己希望孩子用什么行为来代替情绪失控。例如，"我希望孩子用安全和尊重的方式表达愤怒"。父母可以采用第 5 和第 6 章"行动起来"专栏中提及的行为。

2. 设定与目标行为相关的 SMART 目标。SMART 目标指的是设立具体的（Specific）、可测量的（Measurable）、可实现的（Attainable）、现实的（Realistic）、有时间限制的（Time-Sensitive）明确目标。例如："在两周内，孩子要至少能够使用一种有益的行为来恰当地表达愤怒（如识别自己的感受、深

呼吸)。"为了实现"恰当地表达愤怒"这一大目标，要先从小事开始做起。

3. 运用 ABC 改变法。首先，写出帮助孩子管理并表达感受的替代行为，如孩子可以要求有独处空间，或做深呼吸练习。其次，列出一些可以设置的边界，如"你可以表达生气，但是不能尖叫"。最后，思考如何制造正面的结果，如对孩子的替代行为进行表扬。此外，当孩子能够用尊重的方式表达愤怒时，父母可以与孩子一起商量奖励内容，如获得漂亮的贴纸、额外的游戏时间等。这是一种父母与孩子亲密合作的策略。

4. 追踪进步。父母要把孩子的进步记录在笔记本或日历上，朝着正确方向迈出的每一步都是进步。一旦孩子达到了目标，父母要把点滴进步记录下来，如"孩子生气或被要求做某事时，做到了少发脾气""在两周内，孩子会用 3 种有益的方式来表达他的愤怒"。监测孩子的进步会让父母更真实地看到孩子的成长过程。

到目前为止，你已经掌握了许多方法，并开始以特定的方式运用它们，同时还要应对养育对立违抗性障碍孩子的日常压力。你现在可是肩负重任！你养成自我照顾的习惯了吗？这对你达成目标至关重要。

帮父母脱困

请记住要照顾好自己

忙碌的父母往往会忽视自我照顾。但自我照顾也是治疗计划的一部分。下面这些简单实用的方法可以让你重新焕发活力：

- 冥想。
- 听一首喜欢的歌曲或听一段广播。
- 深呼吸 2 分钟。
- 打电话给朋友。
- 散步。
- 与宠物玩耍。
- 画一幅水彩画或素描。
- 做一件手工。
- 与配偶 / 伴侣共度时光。
- 舒服地洗个澡。
- 看看老照片，回忆过去的美好时光。

不管做什么，只要能给自己带来快乐，让心情放松、平静，哪怕只持续了短短的几分钟时间，也是自我照顾。在理想情况下，你可以每天为自己做一些事情。请注意，做好自我照顾，重要的不是花了多少时间，而是在那段时间里，要有意地把自己放在首位。

找到替代行为，建立正面习惯

学习新技能可以提高孩子成功驾驭生活的能力。因为对立违抗性障碍孩子在情绪调节、社交技能和自我控制方面存在技能缺失，所以他们迫切需要学习新技能。

请思考孩子需要学习哪些技能才能表现得体。我们的目标不是关注孩子不该做的事情，而是培养孩子更多地做出恰当行为的能力。如果孩子在学校因经常干扰其他孩子而与他人产生冲突，他可能需要学习一些社交技能、练习控制冲动情绪。你可以和孩子进行对话练习，当注意到孩子干扰他人的行为有所减少时，记得要表扬他。

对立违抗性障碍孩子很难处理自己的强烈情绪。父母可以为孩子准备一个情绪失控时使用的替代行为清单。清单上的替代行为最好能便于孩子在任何地方进行，如深呼吸、给感觉贴标签、为感受评分、做 20 个开合跳……找到替代行为的目的是让孩子知道做什么可以代替问题行为。随着时间的推移，孩子会逐渐认识到问题是可以通过多种方式解决的。

缺乏灵活性的案例

具有较强的灵活性对任何人来说都是一个挑战，对还不具备情绪管理技能的对立违抗性障碍孩子来说尤其如此。孩子缺乏灵活性会表现出焦虑的症状，为了让自己感到安全，孩子必须百分之百地确定将会发生的事情。这意味着容易焦虑的人确实很难适应改变。例如，孩子很难适应突然改变计划，难以适应从熟悉的环境（如学校）到新环境（如博物馆）的转变等。

我治疗过一个叫露西娅的 7 岁女孩。她非常有对抗性，尤其是在面对改变时。例如，学校来了代课老师，她会大发脾气。家里只要有一点点改变，她都会表现得非常抗拒，甚至做平常很喜欢的事情也无法转移她的抗拒。露西娅的表现是可以理解的，因为她经历了一个巨大的、创伤性的变化——她的母亲在她 4 岁时就去世了。她的单身父亲不知道该如何应对女儿频繁爆发的情绪。

在我的帮助下，露西娅和她的爸爸均有所改变。露西娅学习了理解自己情绪和想法的技能，父亲找到了女儿情绪被触发时可用的替代行为。当然，刚开始的尝试非常有挑战性，因为露西娅的情绪波动非常大。不过，几周以后，父亲就能更好地提前预测露西娅的情绪变化并给她提供了几种应对方法，包括暂停一下、分享感受和想法、玩几分钟的电子产品分散注意力等。

虽然露西娅一开始需要在指导下才能做出替代行为，但慢慢地，她开始越来越多地主动去尝试了。当露西娅这样做时，父亲就给予她正强化。经过不到 6 个月的训练，露西娅的对立违抗性行为减少了，在家里和学校发脾气的次数减少了约 75%。同时，由于掌握了新技能，露西娅对自己应付生活的能力也更有信心了。

作为父母，我们不妨设想：如果自己能帮助孩子明显减少对立违抗性行为，他生活将会是什么样子？ ABC 改变法能为父母提供帮助孩子成长的技能。

行动步骤 2：给孩子一个过渡期

行动步骤 2 将重点帮助孩子通过使用 ABC 改变法变得更具灵活性，这是治疗计划的第二个目标。行动步骤 2 中的练习与行动步骤 1 中的练习是一样的，只是其中的案例与缺乏灵活性相关。

请利用笔记本或日历，完成以下任务：

1. 确定目标行为。缺乏灵活性给孩子带来的最大的负面影响是什么？对许多孩子而言，缺乏灵活性在情境变化时表现得最为明显，因为从一种思维模式转变到另一种思维模式是很难的。举个例子：如果孩子在被告知要入睡时变得暴躁不安，目标行为应该是在孩子入睡前增加一段平稳的过渡时间。
2. 设定与目标行为相关的 SMART 目标。上面例子中的 SMART

目标可能是："下周，我的孩子会有一次愿意在被告知入睡的
10 分钟内上床睡觉。"

3. 运用 ABC 改变法。首先，写出一些可以帮助孩子提高灵活性
   的替代行为，如倒计时 30 分钟，让孩子准备睡觉；宽限 10
   分钟，让孩子准备充分再入睡。其次，和孩子一起设定边界：
   工作日有固定的就寝时间，周末可以比工作日晚就寝 1 小时。
   最后，找到用来强化进步的正面结果，如年龄小的孩子可以
   获得积分贴纸，年龄大的孩子可以获得一些特权。

4. 追踪进步。父母要在笔记本或日历上记录孩子的进步。这样，
   当孩子遇到困难时，父母就不会忽视孩子之前取得的成功。
   做记录可以帮助父母关注孩子的进步。

设定边界，防止不良行为

如果老板告诉你，他想与你合作，共同制定合理有效的期望，帮助
你实现业绩目标，你会不会因为在制定期望的过程中更有发言权从而更
尊重这些期望呢？答案显然是肯定的。其实，孩子也是如此，也想成功
解决问题。设定协作和恰当的边界可以帮助孩子成长，成功解决问题。

父母可以把设定边界看作是与孩子的一个新开始。这是一个主动
制定新规则和新期望的机会，并且可以让这些规则和期望与自己的育

儿价值观和目标相一致。如果父母想让孩子成长为一个自我激励、工作努力、乐于助人、尊重他人的人，就可以通过设置边界去接近这些目标。如果父母认为尊重他人更重要，就要把边界重点放在设立如何对待彼此的规则上，不要再对孩子诸如邋遢等其他行为唠唠叨叨了。原则是先做重要的事情，实现重要的期望。

有没有一些不重要、太死板或无效的规则是可以取消的呢？例如，一位母亲坚持让孩子每周清洗床单，孩子不喜欢做这件事，双方上演了一场拉锯战，发生了激烈的争吵。为什么这件事很重要？这位母亲希望孩子能睡在干净的床单上。后来，她决定与孩子和谐相处，即使她仍觉得床单不洗会很臭。当她决定放下自己的坚持时，这场拉锯战就结束了。这个案例说明，尽管对立违抗性障碍孩子需要明确的规则和期望，但是过于拘泥于规则只会加剧他们的反抗。

当父母告诉孩子要取消一些规则时，想想孩子会多么惊讶！这说明父母愿意灵活变通了，并有助于亲子共同讨论边界的事情。

违抗权威的案例

大多数对立违抗性障碍孩子所表现出的症状是可以被治疗的。只要有明确一致的边界、有效的应对技能和足够的耐心，症状很严重的孩子都可能茁壮成长。

我曾经治疗过一个 17 岁的孩子，名叫马利克。他对成年人的态度极其挑衅，在 3 周内分别辱骂了校长、警察和教练。在前两次辅导咨询时，他非常不配合，因为他觉得我在浪费他的时间。

幸运的是，他最终向我敞开心扉，说出了自己的感受：他觉得自己的行为很糟糕、恶劣，同学们都不想与自己有任何关系，认为自己存在的唯一价值就是扮演叛逆者的角色；他觉得父母认为自己注定是个失败者，也觉得在某些方面自己确实如此；随着 18 岁生日的临近，他很担心父母会兑现对他的威胁——把他赶出家门；他认为自己做任何改变都没有什么作用。

我为马利克和他的父母做了几次家庭治疗。治疗的重点是为马利克创造成功的机会，取消了许多父母曾强迫马利克遵守的规则，如马利克不再需要每天早上起床后整理床铺，不用在工作日晚上 10 点半之前睡觉等，保留了重要的规则，如每日按时上学。全家一起努力为对待彼此的方式设定了规则——每个人都应该受到尊重。事实证明，马利克并不是家里唯一一个会骂人和会挨骂的人。

经过了两个月的治疗，马利克在与我交谈中流下了眼泪，原因是父亲改变了对他的态度。他说，父亲最近因为他忘记倒垃圾而生气，但却没有责骂他。按照往常，父亲会责骂他，说他是一个失败者；这一次，父亲在开始想要责骂他时，及时控制住了自己，并向他道歉。

虽然这不是完美的做法，但父亲遵守了尊重的边界，这成为促使马利克做出改变的"催化剂"。花了大约一年的时间，马利克学会了管理自己情绪的技能。父母与孩子共同设定并遵守的边界，能成为促使孩子改变的"催化剂"！

行动步骤 3：帮孩子学会尊重他人

现在，我们开始进行治疗计划中的行动步骤 3。请利用笔记本或日历，完成以下任务：

1. 确定目标行为。违抗权威给孩子带来的影响是什么？请尽可能具体地描述目标行为，可以借鉴和参考第 5 和第 6 章中的"行动起来"专栏。例如，许多对立违抗性障碍孩子会与父母顶嘴，这是因为他们错误地认为自己与父母拥有同样的权威。此时，目标行为可以是希望孩子尊重父母的权威。

2. 为目标行为设定 SMART 目标。上述例子的 SMART 目标可以是："在两周内，孩子会按照要求完成我布置的两个任务，并且是在我第一次要求时就去做了。"

3. 运用 ABC 改变法。首先，写出一些替代行为，帮助孩子更容易地遵循指令，如让孩子在开始做任务之前礼貌地表达自己的沮丧心情，或给孩子 5 分钟的准备时间，再开始做任务。其次，和孩子一起设定关于遵守指令的边界，可以规定在发出指令和遵守指令时都要尊重他人，即使当时感到沮丧。然后，确定用于强化进步的积极结果，如表扬、感谢或额外特权等。最后，尽可能地通过消退来忽略消极行为。

4. 追踪进步。父母要把孩子的进步记录在笔记本或日历上，即使孩子在某一天表现得并不好，也不要忽视孩子取得的整体进步。随着孩子技能的提升，父母可以设立新的目标行为，促进孩子取得新的进步。

到目前为止，你已经有针对性地确定了 3 种目标行为，这意味着你为孩子量身定制了一个治疗计划。

祝贺你！看到这里，作为父母的你已经花费了很多时间，做了很多工作，为孩子制订了一个治疗计划。接下来，父母要如何实施这个治疗计划呢？请参考下面的例子。

行动起来

如何让治疗计划落地

首先，父母向孩子介绍治疗计划，并说明治疗计划的目标——给孩子提供有助于其成长的技能。其次，父母与孩子谈谈自己应该和必须要做的事情（如自我照顾、保持前后规则的一致性、遵守边界等）。在此过程中，父母要回答孩子提出的所有问题，注意要将问与答过程变成积极的，而不是惩罚性的。最后，父母应尽可能地与孩子多合作，并寻求关于边界和积极结果的反馈。这样，父母可能会发现孩子对这些变化感到很兴奋！

我建议父母每次只专注实现一个目标行为，并在每个目标行为上花费至少一到两周（可能更多）的时间。此外，父母不要忘了追踪进步，以便知道何时该去实现下一个目标行为，或提高对当前目标行为的期望。治疗计划进展得快慢及顺利与否取决于孩子的参与程度和父母的坚持程度。因为每个人都在适应新计划，所以一开始计划进展缓慢是很正常的。

如果父母在执行治疗计划时遇到了困难，请回顾 ABC 改变法，找到更多的替代行为，并增加正强化和消退。在孩子实现最初的目标之前，父母不要急于跳转到其他目标，待完成了所有的行动步骤后，就可以设置一个新的目标了。这样，针对孩子的治疗计划就会不断改进，直到孩子的对立违抗性障碍症状显著减少。

养育笔记

- SMART 目标应是具体的、可测量的、可实现的、现实的、有时间限制的。

- 3 个行动步骤共同构成了一个治疗计划，来帮助孩子学会管理自己的对立违抗性行为。

- 每个行动步骤包括 4 个部分：确定目标行为、设定 SMART 目标、运用 ABC 改变法和追踪进步。

- 父母要注意自我照顾。

- 在开始下一个目标行为之前，父母要确保孩子已经实现了当前的目标行为。

- 如果父母在执行治疗计划时遇到困难，要试着调整 ABC 改变法。父母如果准备调整边界，务必让孩子知道。

- 父母要关注、表扬并鼓励孩子的所有进步，即使孩子在某些尝试上表现不佳。

- 在执行治疗计划过程中，父母要保持一致性，有足够的耐心，并充满希望！

ODD

第 8 章

管理孩子的极端行为

处理极端行为的两个原则

父母已经制订了有效的治疗计划，下面要帮助孩子管理问题行为了。我曾经治疗过很多有严重的对立违抗性障碍症状的孩子。我并不害怕这些孩子的咆哮和易怒，也能够理解这些行为其实是在帮助他们渡过难关，所以我能够与他们建立联系。我学会了透过孩子坚硬的外表，看见他们脆弱的内心。这些孩子虽然缺乏有效的技能，但也充满了改变的可能性。与此同时，我也曾看到父母因教会孩子新技能而重燃希望。本章提供了实用、有效的方法，让父母对自己的育儿能力更有信心，从而为孩子的生活带来真正的改变。

对立违抗性障碍的诊断标准包括愤怒／易怒情绪，好争辩／违抗行为，以及导致严重后果的报复行为。这些症状的程度从轻微到严重不等。孩子如果有了严重的症状，可能会带来非常危险的后果。家有

147

严重对立违抗性障碍孩子的父母认为孩子的许多甚至大部分的行为都很极端。父母有这种感受是正常的。因为对立违抗性障碍的特点就是外化行为，即攻击性反应的爆发，且不能对强烈的感受加以控制。这意味着对立违抗性障碍孩子对恐惧或挫折的反应，可能比正常孩子普通的反抗、无礼要极端得多。

本章重点讨论的极端行为是暴力、言语攻击、心理虐待，以及在公共场所发生的发泄行为。本章提供的方法可以帮助父母和孩子学会管理问题行为。

保持冷静

保持冷静，说起来容易，做起来很难。孩子发脾气，可能会做出尖叫、殴打、骂人等攻击行为。当孩子对父母、对其他人或对他自己进行语言或身体的攻击时，父母要保持冷静绝非易事。尽管如此，父母在孩子失控时学会管理自己的强烈情绪是大有益处的（回顾本书第一部分所描述的管理情绪和打破反应性循环的技能）。父母要记住一点：用烦躁不安来回应孩子的强烈情绪，只会加剧孩子的不良反应。父母如果需要处理孩子的极端情绪，建议重读第2章和第3章的内容，可能会有所帮助。

若孩子在公共场合发脾气，很少有父母能做到冷静地陪着孩子，但下面案例中的父亲却做到了。一个女孩在超市的食品区大发脾气，女孩的父亲没有试图强迫女孩安静下来或阻止她发脾气。相反，他耐心地站在那里，当女孩离货架太近时，他会平静地说："小心，我不想让你受伤。"他还几次询问女孩是否需要他的拥抱。几分钟后，哭泣尖叫的女孩就被他抱在怀里了。这位父亲开始调节女孩的情绪。因为这位父亲能够以冷静的方式管理自己的情绪，所以他才能帮助女儿调节情绪。

作家 L. R. 诺斯特（L. R. Knost）指出："当孩子被强烈情绪所压倒时，我们的任务是分享我们的平静，而不是加入他们的混乱。"如果父母不能控制自己的情绪波动，就无法帮助孩子控制情绪风暴。因此，父母需要学习、掌握一些技能以应对孩子的情绪爆发。

有时候，由于孩子的情绪太过强烈，导致父母即使学了技能，也忍不住会对孩子的情绪做出不当的反应。父母面对孩子的强烈情绪而产生情绪反应非常正常。此刻，父母需要关怀一下辛劳的自己，尝试采用本书第一部分中提到的策略，如深呼吸 2 分钟，听引导冥想的音乐，让自己休息一下等。关怀自己，保持健康情绪将帮助父母更好地与孩子进行下一步的沟通。

保持一致性

为了有效地帮助孩子管理极端行为，父母需要认真执行 ABC 改变法。父母可能会觉得保持冷静和保持一致是两件不可能完成的任务，因为只做其中一件任务似乎都要使出"超人"的力量。不过，阅读和学习到本章，父母已拥有了关键的知识和工具，要相信自己可以应对这些挑战。

所有的孩子都需要一致性。由于对立违抗性障碍孩子受内心混乱和情绪频繁爆发的困扰，他们比同龄人更迫切地需要一致性。父母的稳定性和可预测性会让他们感到安全，让他们知道自己该期待什么，也知道他人对自己有何期待。细小但一致的改变是保持边界和使用结果工具的关键。尽管这样的改变很缓慢，但是保持一致性会创造持久的变化。

父母如果觉得做到保持一致性很困难，请回顾第 2 章与第 3 章中提到的技巧。当孩子的反抗和攻击非常剧烈时，正念可以帮助父母冷静下来，接纳可以缓解父母的不安情绪。在此过程中，父母感到生气、失望、崩溃、尴尬、悲伤等，都是完全合理的。此时，父母需要努力给自己更多的自我关怀，用健康的方式表达这些情绪。

如何应对暴力行为

在管理孩子的极端行为时，父母除了要做到保持冷静和一致性之外，还要采取一些干预措施，以减少极端行为发生的频率、降低极端行为的强度、缩短极端行为的持续时间。由于冲动是对立违抗性障碍孩子常见的症状，因此绝对有必要采取保障安全的预防措施[①]。

暴力是对立违抗性障碍孩子表达强烈情绪的一种常见方式。虽然这对他们没有多大的帮助，而且经常给他们带来麻烦，但这却是他们释放强烈情绪的一种方式。在忍受强烈不适和释放情绪之间，他们往往倾向于释放情绪，即使以影响他人为代价。所以，父母帮助对立违抗性障碍孩子找到冲动行为的替代行为是非常重要的。父母通常可以通过识别孩子的触发因素来预测暴力行为的发生。父母一旦这样做了，就可以帮助孩子显著地减少暴力发生的次数。下面，让我们仔细思考暴力是如何出现的，在哪里出现的，以及用什么方法可以减少暴力。

应对家里发生的暴力

当孩子踢人、打人、咬人、推人、扔东西或破坏财物时，家会变得

---

① 如果孩子的极端行为对自己或他人造成了直接危害，请拨打报警电话，并将受害人送往最近的医院就医。

像一个战场。虽然不是所有的对立违抗性障碍孩子都会使用暴力，但是绝大多数会在某些情况下诉诸暴力。对立违抗性障碍孩子的暴力行为可能比兄弟姐妹的行为更冲动、更激烈，会让家庭成员感到害怕和担忧。

当家里发生暴力事件时，家庭成员通常会安抚或小心翼翼地躲避攻击者。但是，这种处理方法把最大的权力给了自控力最差的人。对此有效的方法是父母要了解孩子暴力行为的触发因素，在注意到孩子的情绪发生变化时及早进行干预。

在情绪爆发之前，孩子的身体会出现一些细微的变化，如声调的改变、脸红、坐立不安等。父母可以用分散孩子注意力的方法来打断情绪的不断升级，如问孩子一个不相关的问题或讲一个最近听到的故事。例如，一位母亲注意到她的儿子在情绪爆发之前会快速地抖腿，因此每当她看到儿子在抖腿，就马上问儿子有关体育的问题（儿子最喜欢体育）。在多数情况下，这种方法是有效的。我们可以认为这是一个巨大的成功。父母也可以提醒孩子使用替代行为，如当看到孩子开始变得沮丧时，请孩子使用"暂停"工具。总之，在孩子的情绪爆发之前，先缓和局势，往往会收到较好的效果。

大龄孩子往往造成的伤害比较严重。父母帮助孩子管理极端行为，需要在深思熟虑后采取一些严肃的措施，如动用法律手段，让孩子接受治疗，直到不再对其他人构成威胁为止。这些是万不得已的做法，但有时候却是必需的，因为要确保安全。

应对校园暴力

孩子在校园里使用暴力，不仅会对在校师生带来安全问题，还会因此被停学或开除。不管年龄大小，孩子如果在学校表现出暴力行为，都可能是由环境因素触发的，也许会与老师、校长、同学，或课程相关。因此，父母要学会与学校的老师合作，一起找出孩子暴力行为的触发因素。

大多数父母害怕接到学校的电话，担心被告知孩子违反了校规校纪。父母若能把接到学校的电话看成了解孩子的学业表现和社会能力的机会，心理就会放轻松了。虽然对立违抗性障碍孩子通常很有攻击性，但是把他们当成欺凌者是错误的，其实他们更有可能被欺负。欺凌者喜欢攻击反应大的孩子来得到满足感。对立违抗性障碍孩子的反应性行为和受损的社交技能使得他们很容易成为欺凌者的攻击目标。如果孩子在学校参与了打架，父母要多了解孩子打架的原因。如果孩子被欺负了，父母就要要求学校采取措施来保护孩子。

分级干预暴力行为

这部分内容有助于父母循序渐进地应对孩子的极端行为，即先进行低水平的积极干预，再采取高水平的严格措施。在分级干预暴力行为过程中，请尽可能地使用正强化、消退策略来塑造孩子的积极行为。对于更为极端的一些行为，尤其是威胁他人安全和情绪健康的行为，父母可能需要使用逻辑后果（并非自然而然发生且需要成年人干预的后果）和惩罚。

如果孩子做出危险的暴力行为，请在使用以下干预措施之前，先让其他人远离伤害。如果孩子对自己或他人构成了威胁，请拨打报警电话，并将受害人送往最近的医院就医。这与惩罚无关，只是为了安全。

在实施所有的干预措施时，父母保持冷静至关重要。如果孩子的情绪升级，父母的愤怒或恐慌反应只会让孩子的情绪进一步恶化。尽管保持冷静很难，但必须做到！

分级干预 1。在孩子第一次出现暴力行为时，请冷静地确认孩子的感受，说清楚有关暴力的规则，并为孩子提供替代行为。例如："我知道你很生气。但是在这个家里，我们不能动手打人。你去休息一下，可能会对你有帮助。"父母不要试图和孩子讲道理，因为当情绪被触发时，孩子是无法使用大脑里的这一部分功能的，坚持跟孩子讲道理只可能恶化局面。此时，父母只需要平静地将规则重复两遍，并且每次都用完全相同的语言即可。

如果孩子暂停或停止了攻击行为，请给予正强化，如"我能看出来你真的在努力控制自己的情绪"。接下来，给孩子提供一些空间，如对年幼的孩子说："你需要拥抱一下，还是独处一会儿？"这样的问法经常有效。对年龄较大的孩子说："如果你需要我，我就会在这里，但是现在先给你一些独处的空间。"在谈论暴力行为之前，先给孩子一些时间使其冷静下来。如果孩子冷静不了，请继续进行分级干预 2。

分级干预 2。 如果孩子无法控制自己的行为，父母有必要使用逻辑后果，提醒孩子曾设定过的边界和替代行为，然后平静地告诉孩子他的行为持续下去会有什么后果。例如："你打妹妹是不对的。你可以选择现在走开，否则会失去周末看电影的机会。"选择了结果工具，父母必须坚持到底。

父母用平静的语气将一句话重复两次，两次重复之间等待片刻，让孩子可以听清楚。如果孩子停止了暴力行为，就给予正强化，认可孩子的选择是正确的，并且为孩子提供空间，使其冷静下来。同样，在孩子的情绪完全缓和之前，请不要试图对孩子说教。如果孩子继续表现出暴力行为，请进行分级干预 3。

分级干预 3。 如果最初让孩子停止暴力行为的尝试没有成功，父母必须尽快阻止孩子接近攻击目标，并且决定是否需要报警。

大多数的孩子会感到筋疲力尽，要么开始逃避问题，要么情绪崩溃。如果发生这种情况，父母可以让孩子自己先缓和情绪，待孩子平静下来后，再和孩子充分沟通，提醒孩子要注意边界，可以使用哪些替代行为，否则可能产生哪些后果。父母要让孩子知道自己是爱他的，但是父母也要担起保护每个家庭成员安全的职责。例如："在这个家里，我们要用和平的方式解决问题。我知道你生弟弟的气。也许你可以在下一次要发脾气之前，先逗小狗玩几分钟。因为你在我们谈话之后还继续打弟弟，所以今晚你不能玩电子游戏了。我爱你，但是我有责任保护每个人的安全。"

这些分级干预可以帮助父母在惩罚孩子之前，先给孩子其他的选择。与任何干预一样，请首先关注安全问题。

如何应对言语攻击和心理虐待

对立违抗性障碍孩子常出现言语攻击和心理虐待行为。言语攻击指尖叫、大喊、不让他人说话，以及其他试图在言语上支配和控制他人的行为。心理虐待指某人试图攻击或通过贬低、威胁、操纵、煽动来控制他人。因为言语攻击和心理虐待可能是身体暴力的前兆，所以父母认真对待这些行为很重要。

如果一个孩子表现出言语攻击和心理虐待，这并不意味着他是个坏孩子。残酷的言辞通常是冲动和情绪调节问题的表现。孩子处理自己强烈的内心感受的方式仿佛是在传递一个"烫手山芋"。但这并不意味着孩子这么做没问题。父母先梳理在家庭和学校中，孩子是如何表现出言语攻击和心理虐待的，然后制定相应的干预策略。

发生在家中的言语攻击和心理虐待

在一个安静的周六下午，家人都在家中忙自己的事情。突然，楼上传来一阵骚动声，接着家里那个有对立违抗性障碍的孩子对着弟弟尖叫："你这个白痴！我说了我要先玩这个玩具，我恨你！"这个场景是不是很熟悉呢？对父母而言，养育一个动辄骂人的暴躁孩子是很有压力的。孩子的行为打破了家庭的平静，让被辱骂者伤心流泪。由此可见，"棍棒、石头可能打断我的骨头，但言语决不会伤害我"这句古老的谚语是错误的。言语真的会伤人。

随着年龄渐长，对立违抗性障碍孩子可能更擅长将言语作为武器，攻击他人。他们或许会说："如果你不给我自由，我就自杀。"父母怎么知道这个威胁是真是假？因为父母非常害怕威胁成真，所以在这种情况下，有对立违抗性障碍的孩子往往在博弈中占了上风。这就是父母从孩子身上体验到的心理虐待。言语攻击和心理虐待行为与情绪调节技能缺失有关，常令人感到恐惧。

帮孩子脱困

寻求专业人员的支持

帮助孩子学会控制对立违抗性障碍症状，并不是一件容易的事儿，当出现以下情况时，请为孩子或自己寻求专业人员的支持：

- 孩子对自己或他人造成威胁，包括自杀的威胁。
- 孩子正在进行自我伤害，如割伤、撞击、敲打或抓伤自己。
- 孩子会自言自语，或对看不见也听不见的事物做出反应。
- 作为父母，你已经尽了最大努力，但孩子的行为还在持续恶化或没有好转。
- 孩子在学校学习困难。
- 孩子的行为使其面临被学校开除或要负法律责任等严重后果。
- 除了对立违抗性障碍之外，其他问题如抑郁、焦虑、学习障碍或物质 / 酒精滥用等正在影响孩子的行为。

明智的做法是让儿科医生参与孩子的心理健康治疗，并评估孩子身体状态是否健康。心理学家、婚姻家庭治疗师、社会工作者或其他接受过咨询培训的专业人士可以帮助治疗对立违抗性障碍、抑郁、焦虑和其他心理健康问题。心理学家还可以对孩子进行心理、认知、神经心理和学习障碍等评估，以确定孩子是否在这些方面存在问题。学校可以提供资源，帮助你评估孩子是否存在学习障碍，是否难以应对学校里的相关挑战。儿童精神病学家可以帮助你确定孩子是否能受益于药物治疗。

在为孩子寻求专业支持的时候，你也不要忘了自己。尽管帮助孩子学会控制对立违抗性障碍症状是一项重要的任务，但是如果你已感到抑郁或不堪重负，请和你的医生或治疗师谈谈。父母支持小组（在一些社交媒体上有许多这样的群体）可以帮助你找到支持。如果你或你的孩子需要额外的帮助，请不要犹豫，积极寻求以上帮助。

发生在学校里的言语攻击和心理虐待

对立违抗性障碍孩子的父母可能会经常收到来自老师的电话或邮件，内容多为讨论孩子的言语攻击行为。虽然不是所有的对立违抗性障碍孩子都会在学校失控，但很多孩子确实如此，因为他们缺乏相应的技能。我曾遇到过一个幼儿园的孩子，他因为用语言攻击同学而接连被三所幼儿园开除。因此，言语攻击与身体暴力行为一样，会给孩子带来麻烦，特别是在学校环境里。

泰勒经常抱怨同学的不好，并且向我描述他很想"扑倒他们"或"踢他们一顿"。我提醒他：如果我的来访者做出了真实的暴力威胁，我必须报警，同时向潜在的受害者发出警告。泰勒担心我会报警，于是立刻收回了原话，向我保证他从来没有踢过任何人，他只是生气了。在接下来的时间里，我们一直在探讨如何用更合适的方式来表达感受，才不会引来警方的讯问。

没有哪位父母想要接到投诉孩子虐待他人的电话。其实，学校可以成为父母的"盟友"，一起帮助孩子减少对立违抗性行为。我强烈鼓励父母从学校这里为孩子寻求专业咨询和心理测试，以及其他可以帮助孩子的工具。治疗对立违抗性障碍需要全员参与。

分级干预言语攻击

下面这些分级干预措施旨在利用 ABC 改变法来帮助父母管理孩子的言语攻击行为。

分级干预 1。当孩子开始恶语中伤他人时，父母要平静地向孩子确认他的感受，说明沟通的边界，并为他提供一种替代行为，如"我知道你现在很生气，但是我们仍然要互相尊重。你现在可以去喝杯水冷静一下"。在这个过程中，父母冷静地用完全相同的语言向孩子重复两遍。

如果孩子的行为有所改善，停止了言语攻击，或减少了攻击性，父母要及时给予正强化，如"我可以看到你真的很努力地在做"。父母要给孩子提供空间，让孩子先冷静下来，再与孩子讨论情绪爆发。如果孩子的行为没有改善，请继续进行分级干预 2。

分级干预 2。父母应该用一种平静、中立的语气提醒孩子要注意边界和使用替代行为，并且告诉孩子言语攻击的后果，如"你如果坚持这样发脾气，不去喝水或独处一下，就不能在晚饭后看视频了"。如果孩子不改变自己的行为，父母记得要坚持使用结果工具。

父母要平静而缓慢地将一句话重复两遍。如果孩子停止了言语攻击行为，父母要继续给予正强化，并为孩子提供空间。但如果孩子仍持续进行言语攻击，父母要进行分级干预 3。

分级干预 3。运用消退的方法。如果孩子对兄弟姐妹大喊大叫，父母可以先让其他孩子回房间或去外面玩耍。若此时自己成为孩子言语攻击的目标，父母要完全忽略这种行为，直到孩子停止这种行为为止。请记住，对对立违抗性障碍孩子来说，即使获得的是消极的关注，他们也会觉得值得，因此关注会强化他们的问题行为。一旦孩子停止了言语攻击，父母要称赞孩子做出了好的选择，并等待孩子的情绪完全缓和。孩子完全平息怒火之后，父母再提醒孩子之前设定的边界和结果，如"不能辱骂他人，否则你今天下午不能和我一起去商场"。在恰当的时候，父母应同孩子一起谈谈这段经历，并告知孩子在下次情绪爆发时可以尝试的替代行为。

如何应对公共场所的发脾气行为

"在超市的过道发脾气""在卖鞋专柜那里发飙"……孩子在公共场所乱发脾气对许多父母来说是最难以忍受的。因为当孩子在他人面前失控时，父母感觉到的不仅是沮丧、担忧，还有羞耻和惭愧。当周围的人都在围观和议论孩子发脾气时，父母恨不得找个地洞躲进去。

我的儿子也有在公共场所发脾气的经历。他在集市上大发脾气，甚至把我手里的油条踢掉。这让旁边的人感到非常害怕。我可以感觉到自己尴尬得脸颊发烫，脑海里翻腾着自己教育失败的念头。事情结束之后，我进行了更深刻的反思，才意识到孩子的行为是由于他无法控制对人群聚集的恐惧和对乘车的焦虑。虽然儿子的攻击性看起来像对立违抗性行为，但事实远非如此——他承受的压力已经远超过了他的应对能力。所以，无论孩子在公共场所情绪爆发的原因是什么，父母都应该及时帮助孩子疏解情绪。

何时使用消退

一个非常棘手的问题是：面对孩子的问题行为，尤其是在公共场所发生的发脾气行为，什么时候应该干预？什么时候应该使用消退？什么时候应该进行惩罚？

父母要考虑孩子出现问题行为的原因。如果孩子想要避免或控制某种情况，消退是有效的。例如，如果孩子很讨厌在超市购物，并且因为想离开超市而大发脾气，父母最好的选择是消退，不要强化孩子的问题行为。然而，在同样的情况下，如果孩子发脾气是因为他饿了，那么，给孩子吃点零食比忽略问题行为更有用。

如果孩子发脾气似乎只是为了发泄强烈的感受，那么，父母可以忽略这种行为，只在孩子停止喊叫后给予关怀和帮助。这种方法同时将消退与行为塑造结合在一起，既提供了一种更具适应性的替代行为，又没有对问题行为进行强化。例如，孩子在杂货店里情绪失控，父母可以明确地告诉孩子："等你说话声音变小时，我才能够帮助你。"父母这样做既为孩子提供了帮助，又没有助长孩子的暴脾气。

相较于在商店或餐馆，在家里这样的私人空间，父母忽略孩子的情绪爆发更容易做到。因此，父母在公共场所使用消退策略，需要付出更多的耐心。父母要深呼吸，反复告诉自己"有多少人盯着自己看并不重要，正在做的事情远比尴尬更加重要"，可在心里重复这句话。

消退的目的是让孩子知道，采用消极或极端的行为并不能得到想要的结果，正确的做法是选择一种更具适应性的替代行为。这可能是一个痛苦的过程，但结合对期望行为的持续正强化，它将带来持久的行为改变。父母要坚定目标，坚持下去！

何时使用惩罚

有些时候，惩罚是减少孩子更极端行为的必要干预手段。虽然其他手段（如正强化、消退）更加有效，常常作为首选，但有时孩子需要经历消极的后果。如果孩子咄咄逼人，破坏财物，以及在情感或身体上伤害他人，他们可能在被剥夺某些特权或没收某些东西后，才能明白自己的极端行为产生了什么样的负面影响。我强烈建议父母对孩子的极端行为保留惩罚干预的手段。

"没收物品""剥夺特权""禁足"等惩罚措施的实施时长和力度必须是简短且温和的，并要在孩子出现极端行为后立即实施。例如，父母要取消孩子玩电子产品的特权，就要在当天实行，不要拖到一个星期后实行；对于年幼的孩子，禁足长达一个月并不能强化积极行为，只在周末禁足才可能有效。对于大多数父母来说，坚持长时间的惩罚是很困难的，简短且温和的惩罚措施也增加了保持惩罚标准一致性的可能。

父母在对孩子实施惩罚时，要保持冷静和一致性，千万不要在愤怒的时候对孩子进行惩罚。惩罚的目的是帮助孩子做出更好的行为，而不是吓唬或羞辱（我从不提倡羞辱，因为它总是具有破坏性）孩子。

最后，如果父母发出了惩罚的威胁，但没有贯彻到底。一旦孩子知道父母会屈服，孩子就会不惜一切代价促使父母让步。父母若屈服了，孩子就成了控制者。这对塑造孩子积极行为毫无用处。

体罚并不能教会孩子新的技能，因此我不建议父母体罚孩子。体罚给孩子带来的恐惧和痛苦可能会暂时令他们顺从，但这并不能帮助他们学会做该做的事，也不能教会他们如何去做正确的事。体罚也会造成亲子关系紧张等后果，对孩子而言，本应带来安全感的人却为自己带来了痛苦。随着时间的推移，这种紧张状态会让父母和孩子之间的情感纽带断开。有的父母或许对上述观点不认同，但我仍建议父母在体罚孩子之前，先尝试其他形式的结果工具。

帮父母脱困

记得照顾好自己

你已经为这个治疗计划努力了一段时间，现在是时候看看自己是否安好。还记得在第 2 章完成的抑郁或焦虑症状自我评估吗？下面请花 10 分钟再次完成第 2 章的自我评估（032 页），并记录回答日期。将两次自我评估的结果进行比较，如果你发现在本次自我评估中，自己对很多问题都给出了肯定的回答，那么，应该考虑自己是否需要额外支持了。如果你发现抑郁或焦虑症状有所改善，这就是进步了！

如果你发现自己对常规的自我照顾方式感到厌倦，可以试试以下几种混合方式：

- 发挥创意，做一件手工艺品，画一幅画，写一首诗……做什么并不重要，只要它能激发你的创造力。
- 读一些有趣的文章，如娱乐新闻、精彩的科普故事。为了兴趣而获取信息，享受这个纯粹的过程。
- 帮助他人。即使只是偶尔帮助他人，也能让我们对自己和对他人的感觉更好。

你没有坚持自我照顾也没关系，可以从现在开始！你不需要花很多时间在自我照顾上，只需要有意识地把自己和自己的幸福感放在首位即可。

分级干预公共场所的发脾气行为

当孩子在公共场所发脾气时，父母可以重点尝试以下分级干预步骤。

分级干预1。先要考虑适不适合使用消退的策略。如果孩子没有伤害自己或他人，也没有破坏财物，父母可试着忽略孩子的行为。例如，对于年幼的孩子，父母可以大声说："只有你停止四处奔跑，我才会听你说话。"对于年龄较大的孩子，父母可以说："你在公共场所不尊重我，我没办法和你说话。"此时，父母不要对孩子说其他的话，只重复几次即可。不管当时感觉有多尴尬，父母都要忽略孩子的问题行为。

如果问题行为持续了 10 分钟以上，或升级到消退策略不再起效的程度，则进行分级干预 2。

分级干预 2。父母可以平静地提醒孩子自己对他在公共场所的行为期望，为他提供替代行为，并告诉他不改善现在的行为将会面临什么样的后果。例如，父母可以说："我希望你好好地待在餐馆里。你现在要么在椅子上坐好，要么跟我一起把食物带回家。"记住，此刻只使用自己能够坚持下去的结果。

父母要平静而缓慢地将一句话重复两次。如果孩子停止了发脾气行为，记得给他正强化。如果孩子还是坚持问题行为，父母要施行分级干预 3。

分级干预 3。父母应提醒孩子之前商定好的期望行为和孩子发脾气的结果是什么。例如："在餐馆里，我们应该待在自己的座位上。但是因为你没有好好地坐着，我们现在不得不带着食物离开。"要被迫离开餐馆、商店或其他公共场所，父母可能会因此感到不快。尽管如此，坚决而迅速地执行结果是帮助孩子塑造更好行为的重要机会，能够让孩子看到自己的问题行为所带来的直接后果。

行
动
起
来

对极端行为实施两周的干预

在接下来的两周中，请选择一组最棘手或最频繁发生的问题行为来实施干预。

父母一旦选好了要干预的问题行为，就和孩子谈谈干预计划，告诉孩子他们希望他能够更好地管理自己，当他开始偏离"轨道"时，会向他提供方法；和孩子讨论边界，告诉他应如何努力不越界；和孩子讨论惩罚，并且尽可能地避免使用惩罚，除非确实有必要。

父母要根据孩子状况和家庭规则量身定制分级干预措施。当注意到孩子正在做出问题行为时，父母应马上进行第一次干预。建议把干预步骤写在一张卡片上，不必记住步骤，方便查看即可。请根据需要进行干预，直到问题行为停下来为止。当孩子的情绪缓解后，父母可以在第二天与孩子一起总结，并制定下一次的改进策略。

在两周内，父母应持续关注问题行为并实施分级干预，根据效果决定是否延长分级干预的时间。若在干预下，一组问题行为的发生频率明显降低，就可以开始干预下一组问题行为。在整个过程中，父母要对自己有信心。毕竟管理孩子的极端行为并不容易，你要相信付出的时间和努力终会有回报！

养育笔记
- 孩子的极端行为会对整个家庭造成负面影响，父母要管理好孩子的极端行为。
- 在容易情绪爆发的情境下，父母保持冷静、平静的态度至关重要。
- 一致性！一致性！一致性！这是管理暴力行为、言语攻击、心理虐待和在公共场所发脾气的关键。
- 如果正强化不起作用，可能需要执行逻辑后果和惩罚。
- 选择惩罚还是消退？父母需要根据情况，做出判断。
- 分级干预可以帮助父母处理孩子的极端行为。
- 别忘了照顾好自己！

ODD

第 9 章

前进之路

应对对立违抗性障碍的挑战

即使孩子已经长大了，父母也要对孩子进行持续支持和引导。父母并不是只能在孩子 18 岁之前对其产生积极的影响。孩子的成长是一个持续变化的过程，为孩子制订的治疗计划也应有变化。随着父母和孩子拥有更多的技能、更敏锐的洞察力，治疗计划也应该有所调整。也许今天的难题在一个月后就变得容易解决了。最初设定的目标看起来遥不可及，但是在不久的将来，它们有机会成为现实。

本书包含了大量的信息，书中的方法看起来很有挑战性，实施起来也很耗时。实施治疗计划需要父母的行为有很强的一致性，这令父母承受着巨大的压力。但只要给自己一些宽松的时间，父母是可以做到的。

父母和孩子刚开始使用这些方法时会有不适感，这是正常的。习惯后就能仅凭直觉自然地选择。就像人们学习骑自行车一样，刚开始骑自行车时，经常摔倒，但学会以后骑自行车就是一件自然的事情。这并不是因为骑自行车很容易学，而是因为人们对这项技能进行了大量练习。

我曾经治疗过一个 6 岁的孩子，名叫洛根，他有严重的对立违抗性行为。每周，我和他的父母都会在培养技能、一致性和正强化方面下功夫。洛根的父母花了一段时间才接受"减少惩罚"这个概念。事实上，他们最初是抗拒的，认为这会让洛根变得"逍遥法外"。但随着他们越来越能够发现洛根的良好表现，惩罚洛根的机会也大大减少了。这是一个很自然的进步。当我向他们指出这一点时，他们惊讶地发现已经有两个多星期没有惩罚洛根了。这创造了一个家庭纪录，同时也是他们愿意尝试不同做法所带来的收获。

6 个月后，洛根取得明显的进步，目标行为也发生了变化。他不再有明显的对立违抗性行为，不过仍然缺乏灵活性。因为他的对立违抗性行为变得可控，所以治疗不灵活的行为就变得容易多了。与其他人一样，洛根的成长是一个发展的过程。父母如果能把治疗计划视为一个流动的过程，就会发现自己总是能适应孩子不断变化的需求。

不断修正目标

前几章制订的行为计划总有一天会过时，新的行为计划将不断取代先前的计划。随着孩子的进步，父母需要修改治疗计划。一旦孩子实现了一个目标，或顺利完成了每周的任务，父母接下来的工作就是重新制订或完善之前的治疗计划，以保持前进的动力。父母要找到与孩子合作的方法，一起制定目标。

孩子退步了，或前进一步又后退两步，这是很正常的情况。这并不意味着孩子变差了，只是表明在实施治疗计划时保持一致的必要性。我曾经治疗过一个家庭，每周对这个家庭进行一次辅导，治疗时间长达一年多。当孩子的表现不再符合对立违抗性障碍的症状标准时，孩子的母亲会问："我们下一步要做什么？"我喜欢她对变化的热情！父母的工作没有"完成日期"，凭借毅力和努力，终有一天会很好地控制孩子的对立违抗性障碍症状。在孩子的对立违抗性障碍症状减轻之后，父母就可以制定帮助孩子茁壮成长的新目标，而不仅仅只为了生存。请坚持到底！

想帮助孩子持续做出改变，制订一个未来行动计划很有必要。这个计划应是积极的、成体系的、有目标导向的。持续不断地做出改变需要有意识地努力。为未来行动计划创建一个模板是很重要的，它将消除父母在设定新目标和确定所需方法时的疑虑。

针对孩子的无益行为，未来行动计划有以下几个基本组成部分：

1. 把某一行为作为改变的对象。
2. 找出期望行为。
3. 按照 SMART 原则制定目标。
4. 确定行为的边界（期望、规则或限制）。
5. 用替代行为来取代待改变行为。
6. 选择结果工具，如表扬、奖励、认可、消退。

下面我想通过一个案例，来说明如何创建未来行动计划。13 岁的伊森很讨厌洗澡，更愿意玩电子游戏。父母闻到了伊森身上发出的气味，对他的卫生状况感到担忧。但是伊森对此并不在乎，他不想浪费任何玩电子游戏的时间。伊森的未来行动计划如下：

1. 把某一行为作为改变的对象：伊森不愿意每天洗澡，在父母的催促下，他表现出对立违抗性行为。
2. 找出期望行为：父母希望伊森每天洗澡。
3. 按照 SMART 原则制定目标：伊森将开始每天洗澡，父母的提示一周内不超过一次。
4. 确定行为的边界：家里的每个人都有责任保持个人卫生——

每天洗澡和祛除体味。

5. 用替代行为来取代待改变行为：伊森将设定好每天洗澡的时间。他要在预定的洗澡时间前 10 分钟停止玩电子游戏。在拒绝洗澡之前，他会考虑清楚。如果洗澡这件事让他的沮丧情绪超过 3 级，他将做 10 个俯卧撑来减少沮丧情绪。

6. 选择结果工具：由于伊森上一周的良好表现，他将在周五和周六晚上额外获得 15 分钟的电子游戏时间。父母会表扬他遵守规则的努力和意愿，忽略他对洗澡的抱怨，不再就此争论不休。

在成功创建未来行动计划后，父母还要记得完成以下工作：

- 安排定期检查，确保正在坚持实现目标，并在笔记本上记录进步的情况。

- 进行头脑风暴，思考哪些方法有效，哪些方法无效，并就如何消除障碍制定策略。

- 当目标完成后，与孩子一起确定是否需要修改目标或设定新的目标，让孩子获得进一步的成长。

未来行动计划将成为父母为未来设定目标的指南。接下来的练习将为父母展示如何使用此计划。

帮孩子脱困

增强亲子关系的未来行动计划

到了这一环节，孩子已经学到了很多设定目标和实现目标的知识，可以在父母的帮助下多实践了。请按照下面的步骤，邀请孩子一起制订一个增强亲子关系的目标计划：

1. 把某一行为作为改变的对象：我们没有花足够的时间待在一起。

2. 找出期望行为：希望每周有更多高质量的相处时间。

3. 按照 SMART 原则制定目标：在一个月内，每周至少有 5 次，我们会在睡前花至少 10 分钟的时间依偎在一起、聊天或玩耍。

4. 每周安排一次检查，看看是否达到了目标，并找出障碍，在笔记本上记录进展。

5. 到了计划截止日期，要重新召开会议确定是继续实施原有目标，还是修改目标，甚至是制定新的目标。

这个练习旨在以一种有趣的方式增强亲子关系，让孩子在父母的指导和支持下，掌握制定目标的技能。希望大家都能享受这个练习！

找到适合自己的方法

治疗对立违抗性障碍，没有灵丹妙药，对某个孩子有效的策略，可能会在另一个孩子身上碰钉子。这就是我试图提供各种干预措施的原因。虽然本书提供的治疗计划基于一个概念框架，有非常强大的研究支持，但对于父母和孩子来说，计划中应用的哪些技能有效，实则因人而异。

请记住：不要因为失败而气馁。尝试是必需的，它有助于辨别应对技能有效或无效。最好的应对技能是可以实际应用的技能。例如，深呼吸可以帮助人们调节情绪和对于痛苦的耐受度，现有很多研究表明了它在重置神经系统反应方面的功效。但是，深呼吸对有些人可能无效，这可能是因为这些人操作错误，或没有真正尝试过深呼吸。因此，对这些人来说，深呼吸不是一个有效的应对技能。父母不需要拥有很多的应对技能，只需要几个有效且愿意使用的应对技能就够了。

我曾经给一个叫哈莉的年轻女孩做过咨询。哈莉在家和学校都表现出明显的对立违抗性障碍症状。幸运的是，哈莉在我的咨询室里像个天使。我们在咨询中愉快地学习应对技能。但是渐渐地，我发现她不会在咨询室之外的地方使用这些技能。当我问及原因时，她说她不喜欢父母或老师指手画脚地要求她使用应对技能。虽然父母试图通过提醒的方式来帮助她，但她却把这种帮助理解为"干涉"，双方引发了一场"权力"斗争。我经常告诉父母要鼓励孩子使用应对技能，但显然对这个小女孩（还有很多像她一样的人）来说，父母的鼓励根本不起作用。

因此，我建议哈莉和她的父母一起探讨如何更容易地使用学到的应对技能。我建议父母在干预之前给哈莉一个自愿使用某种技能的机会——这本身就是一种技能。如果 2 分钟后，哈莉没有使用某种技能，那么，父母就可以轻轻地敲她的头说"Shake，shake，shake"，示意她使用应对技能。我之所以让父母说歌词"Shake，shake，shake"，是因为哈莉是歌手泰勒·斯威夫特（Taylor Swift）的忠实粉丝，用歌词作提示，听起来不那么让人沮丧。在几周内，哈莉开始频繁且主动地使用自己的技能了。父母说，她只有少数几次需要提示，而且双方进行"权力"斗争的次数少了。这是因为父母尝试了很多不同的方法，直到找到一种对哈莉有效的。由此可见，如果我们总是一成不变，就可能陷入困境。

方法不是一定要复杂或由专业人士指定才会有帮助。父母如果注意到孩子在画画时更平静，就可以把画画当成帮孩子自我安慰的有效方法；如果孩子喜欢用黏土捏小动物，可以让孩子多动手创作，以此控制焦虑。总之，每位父母都可以找到让孩子感觉良好、舒适的事情，并将此转化成处理孩子强烈情绪的策略。

若各位父母仍对使用何种技能感到困惑，可以借助互联网，互联网中也提供了很多方案。以我为例，虽然我有一套治疗对立违抗性障碍手册，也订阅了很多相关的学术期刊，但我仍从互联网上学到了许多值得学习的技能。在网络上搜索"儿童情绪调节技巧"或"青少年愤怒管理策略"等，就会出现大量的资料。请记住，没有放之四海而皆准的技能或策略，如果有些技能或策略不尽如人意，也不要感到难过。父母越能够灵活地调整孩子的治疗计划，就越能成功实现目标。

坚持走下去

一致性是帮助孩子管理对立违抗性障碍症状的关键。要想让孩子做出永久的改变，父母要坚持自我照顾，坚持治疗计划，并使用学到的 ABC 改变法和其他方法。这可能意味着当父母想放弃时，要寻求伴侣或朋友的支持来继续下去，也可能意味着要改变家庭计划表或建立新的家庭规则，还可能发现在手机上设置任务提醒很有效（有些应用程序很方便）。

父母如果发现自己偏离了"轨道"，请不要惊慌，完全可以重新开始，或从偏离之处继续前进，改变仍然是可以实现的，只是可能更具挑战性。因为当情况不一致时，孩子的对立违抗性会增强。在重回正轨之前，父母还得花点时间想想为什么会偏离"轨道"，遇到了哪些障碍，并为此制订相应的计划，以便下次用相应的方式管理这些障碍。例如，孩子满满的活动日程让父母很难安排治疗计划，父母可以让孩子从其他活动中暂停一下，因为帮助孩子管理对立违抗性障碍症状更为重要；父母如果因为压力太大而无法控制情绪，也可以通过接受心理治疗或学习压力管理课程来优先改善自己的健康状况。父母能识别这些障碍，并通过一些应急策略减轻它们的影响，就能回到正确的"轨道"上。

必要时寻求专业帮助

本书的目的是帮助父母为孩子提供方法，让孩子能够更好地管理对立违抗性障碍症状。如果读到这里，父母发现孩子的对立违抗性障碍症状并没有好转，也不要气馁。因为对立违抗性障碍是一种具有挑战性且复杂的心理状况，经常与其他疾病同时发生。如果孩子属于这种情况，那么，父母很可能需要寻求外部的支持。这并不意味着失败，只是意味着父母需要更多的资源才能实施治疗计划、做到保持一致。不管怎样，我希望父母在寻找专业支持方面不要拖延。越早对对立违抗性障碍进行干预越有效。

治疗和专业服务

对立违抗性障碍孩子常常需要更周全、更有针对性的照顾。如果父母认为孩子没有进步或症状有所恶化，请找儿科医生排除导致问题行为的生理原因，并请儿童精神科医生评估孩子是否需要进行药物治疗。尽管许多父母对给孩子用药这件事犹豫不决，但了解这个选择还是有帮助的。

我也鼓励父母寻求专业人士的帮助。这些专业人士包括儿童和青少年治疗师、心理学家、婚姻家庭治疗师，或接受过行为障碍儿童治疗、认知行为疗法（CBT）培训的治疗师。虽然已经有很多种治疗儿童和青少年问题行为的方式，但是我认为 CBT 可能有较好的效果，因为在数十年间出现了很多杰出的研究对它给予了支持。

父母可以向孩子的医生、老师，或有过类似问题的朋友或家人寻求推荐，也可以上网搜索所在地区的 CBT 治疗师。

治疗师会评估孩子的情况，做出诊断，制订治疗计划，并在治疗过程中与老师和监护人进行磋商。治疗师会每周提供一次治疗，父母也是被治疗的重点对象，有时还会得到单独治疗。父母还需要与孩子一起学习课程中的技能。我总是直截了当地告诉父母治疗师的角色——治疗师不能"修复"孩子，但可以为父母和孩子提供改变所需的技能和方法。

在某些情况下，治疗师可能会推荐更深入的服务，如将孩子转介到团体治疗。这表明治疗师相信孩子的症状在其他环境下会得到更好的治疗。当孩子的病情超出治疗师的能力范围，或孩子没有做出预期的改变时，治疗师在法律上和道德上都有义务将孩子转介他处。好的治疗师不会让孩子困在他那里。

帮父母脱困

记得照顾好自己

你已经走了很长的路！当你刚开始这段旅程时，"自我照顾"这个词语对你来说是个陌生的概念，似乎也是一种不切实际的奢望。你或许一直没完成自我照顾，但没关系。我们的目标是坚持寻找照顾自己情感、精神和身体需求的方法，希望将自我照顾融入日常生活中。记住，只有当自己能够呼吸到新鲜空气时，才能更好地照顾孩子的需要。

对照自我照顾方案，你是已经把自己照顾得很好了，还是需要重新尝试？首先，在笔记本上记录自己成功纳入生活的两种自我照顾方式；其次，记录两个对自我照顾活动产生挑战性的障碍；最后，想办法坚持自我照顾，如在手机上设置提醒。

如果你很难有独处的时间，下面的一些方法可以将家人、朋友融入你的活动中：

- 在社交媒体上发起感恩帖，可以自己先写一件感恩的事，再请家人、朋友写下他们所感恩的事。
- 和家人一起看自己喜欢的喜剧电影（只要能让自己笑出声的电影都行）。
- 夜晚与家人一起到户外散步，鼓励每个人对着看到的第一颗星星许下愿望。
- 制作一个家庭愿景板，在上面写下自己想做的事情、想去的地方或鼓舞人心的名言。让家人也参与家庭愿景板的制作，并且将家庭愿景板展示在家人都能看到的地方。
- 和配偶或朋友去一家没有尝试过的餐厅，享受成年人之间的交流，品尝新的菜肴。
- 给家人写一封感谢信。例如，当孩子帮忙把洗衣机里的湿衣服放到烘干机里，你可以给孩子写一封简短的感谢信，告诉他／她为什么这件事对你而言很有意义。
- 邀请家人一起看日出或日落。
- 拿出蜡笔和孩子一起玩涂色游戏。请随意一点，即便涂在线外也没关系。

父母做自我照顾不仅对顺利实施治疗计划至关重要，对管理自己的身体健康也是必要的。请相信继续把自己放在首位是值得的。

线上和线下的父母支持小组

养育对立违抗性障碍孩子可能会带来巨大的压力和孤独感。许多父母告诉我，他们觉得其他父母无法理解自己。这种感觉是对的。没有养育过对立违抗性障碍孩子的人不会理解这种在生活中挣扎、快被压垮的痛苦。

加入对立违抗性障碍父母支持小组可以让你得到心理支持与安慰，同时也可以帮助你在混乱中得到喘息。

父母如果找不到专门关注对立违抗性障碍的父母支持小组，也可以尝试了解 ADHD 父母支持小组，因为对立违抗性障碍与 ADHD 具有很多相同的问题行为。父母也可以与当地擅长治疗对立违抗性障碍的治疗师商量，尝试组建一个父母支持小组。治疗师为了给自己的治疗者提供资源，有可能愿意提供帮助。父母为自己或孩子获取资源所做的任何努力都将有助于实现治疗目标。

一路向前，保持向上

到此，本书即将结尾，但这绝不是治疗计划的终点。父母阅读这本书是为了了解孩子，帮助孩子获得技能，让孩子茁壮成长。我真心希望阅读这本书的父母能有全面的收获。也许有的父母在阅读本书之后没有收获或收获甚少，但也请记住这一点：要始终抱有希望。父母和孩子都有很强的复原力，这是让家庭亲子关系变得更融洽的有力因素。请一路向前，保持向上吧！

1. 美国儿童和青少年心理学学会对立违抗性障碍资源中心（American Academy of Child & Adolescent Psychiatry's Oppositional Defiant Disorder Resource Center）。该中心为父母提供了大量的心理学信息和资源。

2. 美国精神病学协会（American Psychiatric Association）。该协会的网站为父母提供关于对立违抗性障碍和其他精神疾病的信息及资源。

3. 美国心理学会（American Psychological Association）。该学会网站有大量关于心理健康状况的资源，包括对立违抗性障碍。

4. 罗斯·W. 格林（Ross W. Greene）著的《暴脾气小孩》（The Explosive Child）这是一本很棒的书，可以让父母深入了解孩子的技能缺失，掌握与孩子一起解决问题的工具，其配套网站（livesinthebalance.org）可以为父母和教师提供相应资源。

5. 艾伦·E. 卡兹丁（Alan E. Kazdin）著的《用卡兹丁的方法养育违抗儿童》（*The Kazdin Method for Parenting the Defiant Child*）。这是一本很好的书，可以进一步提升父母养育对立违抗性障碍孩子的技能。

6. 美国精神疾病联盟（National Alliance on Mental Illness）。这是一个非常棒的组织，为有心理健康问题的人提供支持，也是一个很好的信息来源。

7. 简·尼尔森（Jane Nelsen）著的《正面管教》（*Positive Discipline*）。这是我最喜欢的一本关于管教和正面激励的图书，其配套网站（positivediscipline.com）为父母提供了丰富的方法和资源。

1. American Academy of Child & Adolescent Psychiatry. "Oppositional Defiant Disorder Resource Center." Accessed November 23, 2018.

2. American Psychiatric Association. *Diagnostic and Statistical Manual of Mental Disorders* (5th ed.). Arlington, VA: American Psychiatric Publishing, 2013.

3. Association for Contextual Behavior Science. "ACT." Accessed November 23, 2018.

4. Bach, Patricia A., Daniel J. Moran, and Steven C. Hayes. *ACT in Practice: Case Conceptualization in Acceptance & Commitment Therapy.* Oakland: New Harbinger Publications, 2008.

5. Bernstein, Jeffrey. *10 Days to a Less Defiant Child.* Boston: Da Capo Press, 2015.

6. Boyes, Alice. "Why Avoidance Coping is the Most Important Factor in

Anxiety." Last modified March 5, 2013.

7. Cannon, Megan A. "The Relationship among Attention Deficit/ Hyperactivity Disorder (ADHD) Subtypes, Oppositional Defiant Disorder (ODD), and Parenting Stress." PhD diss., Nova Southeastern University, 2013. ProQuest (3630823).

8. Chapman, Susan Gillis. *The Five Keys to Mindful Communication.* Boulder, CO: Shambhala, 2012.

9. Duncan, Larissa G., J. Douglas Coatsworth, and Mark T. Greenberg. "A Model of Mindful Parenting: Implications for Parent−Child Relationships and Prevention Research." *Clinical Child and Family Psychology Review* 12, no. 3 (September 2009): 255−70.

10. Fisher, Doug and Nancy Frey. *Unstoppable Learning: Seven Essential Elements to Unleash Student Potential.* Bloomington, IN: Solution Tree Press, 2015.

11. Gilbert, Elaine A.T. "Influence of the Parent-Child Relationship Quality on ADHD and ODD Symptom Severity." PsyD diss., Indiana State University, 2017. US: ProQuest (10602579).

12. Greene, Ross W. *The Explosive Child.* New York, NY: HarperCollins, 2005.

13. Hall, Bryan J. "The Process of Parenting Oppositional and Defiant Children." PhD diss., Capella University, 2015. ProQuest (3717992).

14. Hayes, Steven C., Kirk D. Strosahl, and Kelly G. Wilson. *Acceptance*

and Commitment Therapy: The Process and Practice of Mindful Change (2nd ed). New York: The Guilford Press, 2012.

15. Judge, Lorna, Ailish Cleghorn, Kirsten McEwan, and Paul Gilbert. "An Exploration of Group-Based Compassion Focused Therapy for a Heterogeneous Range of Clients Presenting to a Community Mental Health Team." *International Journal of Cognitive Therapy* 5, no. 4 (December 2012): 420–29.

16. Kashdan, Todd B., Rolf G. Jacob, William E. Pelham, Alan R. Lang, Betsy Hoza, Jonathan D. Blumenthal, and Elizabeth M. Gnagy. "Depression and Anxiety in Parents of Children with ADHD and Varying Levels of Oppositional Defiant Behaviors: Modeling Rela-tionships with Family Functioning." *Journal of Clinical & Adolescent Psychology* 33, no. 1 (2004): 169–81.

17. Kazdin, Alan E. *The Kazdin Method for Parenting the Defiant Child*. New York: Mariner Books, 2008.

18. Killingsworth, Matthew A. and Daniel T. Gilbert. "A Wandering Mind Is an Unhappy Mind." *Science* 330, no. 6006 (November 2010): 932.

19. Koons, Cedar R. *The Mindfulness Solution for Intense Emotions: Take Control of Borderline Personality Disorder with DBT*. Oakland: New Harbinger Publications, 2016.

20. LaVigna, Gary W. and Anne M. Donnellan. *Alternatives to Punishment: Solving Behavior Problems with Non-Aversive Strategies*. New York:

Irvington Publishers, 1986.

21. Lin, Xiuyun, Yulin Zhang, Peilian Chi, Wan Ding, Melissa A. Heath, Xiaoyi Fang, and Shousen Xu. "The Mutual Effect of Marital Quality and Parenting Stress on Child and Parent Depressive Symptoms in Families of Children with Oppositional Defiant Disorder." *Frontiers in Psychology* 20, no. 8 (October 2017): 1810.

22. National Institute of Mental Health. "5 Things You Should Know About Stress." Accessed November 23, 2018.

23. National Scientific Council on the Developing Child. "Children's Emotional Development Is Built into the Architecture of their Brains: Working Paper No. 2." 2004.

24. Nelsen, Jane. "Natural Consequences." Accessed November 23, 2018.

25. Omilion-Hodges, Leah M. and Nathan M. Swords. "Communication That Heals: Mindful Communication Practices from Palliative Care Leaders." *Health Communication* 31, no. 3 (2016): 328–35.

26. Pederson, Casey A. and Paula J. Fite. "The Impact of Parenting on the Associations between Child Aggression Subtypes and Oppositional Defiant Disorder Symptoms." *Child Psychiatry & Human Development* 45, no. 6 (December 2014): 728–35.

27. Reed, Florence D. DiGennaro and Benjamin J. Lovett. "Views on the Efficacy and Ethics of Punishment: Results from a National Survey." *International Journal of Behavioral Consultation and Therapy* 4, no. 1

(2007): 61-67.

28. Ross, Christine N., Holly M. Blanc, Cheryl B. McNeil, Sheila M. Eyberg, and Toni L. Hembree-Kigin. "Parenting Stress in Mothers of Young Children with Oppositional Defiant Disorder and Other Severe Behavior Problems." *Child Study Journal* 28, no. 2 (1998): 93-110.

29. Semel Institute for Neuroscience and Human Behavior. "How Do You Cope?" Accessed November 23, 2018.

30. Siegel, Daniel J. *The Mindful Brain: Reflection and Attunement in the Cultivation of Well-Being.* New York: W. W. Norton & Company, 2007.

31. Sommers-Spijkerman, M. P. J., H. R. Trompetter, K. M. G. Schreurs, and E. T. Bohlmeijer. "Compassion-Focused Therapy as Guided Self-Help for Enhancing Public Mental Health: A Randomized Con-trolled Trial." *Journal of Consulting and Clinical Psychology* 86, no. 2 (February 2018): 101-15.

32. Tempelsman, Cathy Rindner. *Child-Wise.* New York: HarperCollins, 1995.

33. Wallace, Dustin P., Beth Woodford, and Mark Connelly. "Promoting Psychological Flexibility in Parents of Adolescents with Chronic Pain: Pilot Study of an 8-week Group Intervention." *Clinical Practice in Pediatric Psychology* 4, no. 4 (December 2016): 405-16.

34. Whyte, William Hollingsworth. "Is Anybody Listening?" *Fortune*, September 1950.

译者后记

在我和我的团队致力于对立违抗性障碍研究的十几年里，见证了许多对立违抗性障碍家庭所面临的困境和挑战。我们通过研究对立违抗性障碍症状的形成和维持机制，发现了多个层面的家庭风险因素与儿童对立违抗性障碍症状息息相关。这给予了我们重要的启示——需要在多重家庭因素的视角下理解儿童对立违抗性障碍症状的发展。因此，从家庭的角度制定有效的干预策略，可能是当前许多对立违抗性障碍家庭的核心需求。在此背景下，我们欣喜地发现了《让孩子不再胡闹》这本书，它恰如其分地洞悉并回应了对立违抗性障碍孩子及其家庭的需求。因此，当我第一次读完这本书时，便迫切地希望能够将其翻译并推广，使更多需要帮助的家庭从中受益。

养育对立违抗性障碍孩子的家庭常常深陷于沉重的压力和挫折之中。他们的孩子可能表现出挑衅、违抗和情绪不稳定等问题行为，给家庭生活带来了极大的困扰。父母常感到无助和沮丧，不知道该如何应对孩子的情绪和行为问题。因此，父母需要增加对对立违抗性障碍的了解，学习如何有效应对孩子的情绪和行为挑战，本书出现得正是时候。

本书的独特之处在于双管齐下，充分考虑了家长和孩子的需求：

第一部分以父母的自我照顾为核心。首先巧妙地让父母们看到孩子情绪和自己情绪之间的反应循环，增加对情绪的洞察能力，打破情绪反应的恶性循环。继而一步步帮父母们掌握正念、自我关怀、情绪接纳与调节等自我照顾的方法，让备受压力的父母们先充分回应自己的情绪需求，然后更从容地与孩子交流，为进入第二部分，即为照顾孩子做好准备。

第二部分，着眼于帮助孩子学习新技能。首先帮助家长了解了对立违抗性障碍孩子缺失的技能和问题所在。在此基础上，为父母们提供了具有针对性的 ABC 改变法，并帮助父母学会如何通过三个步骤将这些方法付诸实践。最鼓舞人心的是，这本书传递着一种充满希望与乐观的态度，相信大多数对立违抗性障碍孩子都能通过适当的关系支持与技能训练改善症状。同时，也相信家长可以成为孩子最出色的支持者和引导者，与孩子共同成长。

本书像一个丰富的工具箱，供家长们在不同的场景使用：

- 当父母因孩子的问题行为感到焦虑和沮丧时，可以尝试书中的负面情绪管理策略和方法，为自己创造更平和的内心环境。
- 当希望改善与孩子之间的日常互动时，可以探索如何通过用心沟通来提升亲子关系。
- 当需要处理孩子极端行为或危机情况时，可以采用书中的极端行为管理策略、特殊情况的处理技巧等。

因此，对于中国父母来说，这本书具有特殊的价值。它填补了当前对对立违抗性障碍儿童养育实践指导的知识空白，为中国父母提供了一份兼具科学性与实用性的养育指南，鼓励父母通过不断学习和尝试，更好地理解和应对孩子的对立违抗性行为。所以，我们真诚地希望本书能够为中国有对立违抗性障碍孩子的家庭带来实质性的帮助，陪伴孩子健康、幸福成长。

未来，属于终身学习者

我们正在亲历前所未有的变革——互联网改变了信息传递的方式，指数级技术快速发展并颠覆商业世界，人工智能正在侵占越来越多的人类领地。

面对这些变化，我们需要问自己：未来需要什么样的人才？

答案是，成为终身学习者。终身学习意味着永不停歇地追求全面的知识结构、强大的逻辑思考能力和敏锐的感知力。这是一种能够在不断变化中随时重建、更新认知体系的能力。阅读，无疑是帮助我们提高这种能力的最佳途径。

在充满不确定性的时代，答案并不总是简单地出现在书本之中。"读万卷书"不仅要亲自阅读、广泛阅读，也需要我们深入探索好书的内部世界，让知识不再局限于书本之中。

湛庐阅读 App: 与最聪明的人共同进化

我们现在推出全新的湛庐阅读 App，它将成为您在书本之外，践行终身学习的场所。

- 不用考虑"读什么"。这里汇集了湛庐所有纸质书、电子书、有声书和各种阅读服务。
- 可以学习"怎么读"。我们提供包括课程、精读班和讲书在内的全方位阅读解决方案。
- 谁来领读？您能最先了解到作者、译者、专家等大咖的前沿洞见，他们是高质量思想的源泉。
- 与谁共读？您将加入优秀的读者和终身学习者的行列，他们对阅读和学习具有持久的热情和源源不断的动力。

在湛庐阅读 App 首页，编辑为您精选了经典书目和优质音视频内容，每天早、中、晚更新，满足您不间断的阅读需求。

【特别专题】【主题书单】【人物特写】等原创专栏，提供专业、深度的解读和选书参考，回应社会议题，是您了解湛庐近千位重要作者思想的独家渠道。

在每本图书的详情页，您将通过深度导读栏目【专家视点】【深度访谈】和【书评】读懂、读透一本好书。

通过这个不设限的学习平台，您在任何时间、任何地点都能获得有价值的思想，并通过阅读实现终身学习。我们邀您共建一个与最聪明的人共同进化的社区，使其成为先进思想交汇的聚集地，这正是我们的使命和价值所在。

CHEERS

湛庐阅读 App
使用指南

读什么
- 纸质书
- 电子书
- 有声书

怎么读
- 课程
- 精读班
- 讲书
- 测一测
- 参考文献
- 图片资料

与谁共读
- 主题书单
- 特别专题
- 人物特写
- 日更专栏
- 编辑推荐

谁来领读
- 专家视点
- 深度访谈
- 书评
- 精彩视频

HERE COMES EVERYBODY

下载湛庐阅读 App
一站获取阅读服务

Overcoming Oppositional Defiant Disorder by Gina Atencio-MacLean

Copyright © 2019 by Althea Press, Emeryville, California

This edition published by arrangement with Althea Press, an imprint of Callisto Media,
Inc., through BIG APPLE AGENCY, LABUAN, MALAYSIA.

Simplified Chinese edition copyright © 2024 by BEIJING CHEERS BOOKS LTD.

ALL RIGHTS RESERVED.

湖南省版权局著作权合同登记章字：18-2024-76 号

图书在版编目（CIP）数据

让孩子不再胡闹 / （美）吉娜·阿滕西奥 - 麦克莱恩
著；蔺秀云，徐珊珊，崔秀敏译 . — 长沙：湖南教育
出版社，2024.5
　　ISBN 978-7-5754-0100-5

　　Ⅰ . ①让… Ⅱ . ①吉… ②蔺… ③徐… ④崔… Ⅲ .
①家庭教育 Ⅳ . ① G78

中国国家版本馆CIP数据核字（2024）第070130号

RANG HAIZI BUZAI HUNAO
让孩子不再胡闹

出 版 人：刘新民
责任编辑：陈逸昕
封面设计：湛庐文化
出版发行：湖南教育出版社（长沙市韶山北路443号）
网　　址：www.jiaxiaoclass.com
微 信 号：家校共育网
电子邮箱：hnjycbs@sina.com
客服电话：0731-85486979
经　　销：全国新华书店
印　　刷：天津中印联印务有限公司
开　　本：710mm×965mm　1/16
印　　张：13.5
字　　数：143千字
版　　次：2024年5月第1版
印　　次：2024年5月第1次印刷
书　　号：ISBN 978-7-5754-0100-5
定　　价：79.90元

本书若有印刷、装订错误，可向承印厂调换。